요한계시록
해설 워크북

정연길 지음

청파랑

머리말

　요한계시록은 상징으로 가득 차 어려운 책으로 정평이 나있습니다. 계시록은 예수님께서 사도 요한에게 환상을 통해 말세에 일어날 하늘의 징조와 재림주님을 통해 창조본연의 세계로 복귀하는 재창조과정을 보여주신 계시의 기록입니다.

　중세시대부터 신비주의적 해석으로 혹세무민하였고, 오늘날에도 교단마다 해석이 다르고, 심지어 악용하는 사례가 종종 있어서 요한계시록을 언급하는 것조차 조심스러운 현실입니다. 그러나 종말의 때에 무슨 일이 일어나고, 신앙의 자세와 더불어 재림주님과 신부가 어떤 일을 하시는지를 알려주기 때문에 기독교 신앙인들은 무엇보다 정확하게 요한계시록을 이해할 필요가 있습니다.

　계시록 내용의 주요 골자인 일곱 인과 일곱 나팔, 그리고 일곱 대접 재앙을 비롯해 어린양 혼인 잔치의 뜻은 무엇인가? 필자는 하나님 성상의 본질과 창조이상, 구원섭리 역사의 진실을 바로 알 때 올바른 이해가 뒤따른다고 생각합니다.

　이 책은 문선명·한학자 선생이 밝힌 통일원리와 참부모론의 관점에서 계시록의 흐름과 개요를 설명하고, 마무리에는 계시록 각 장의 핵심내용을 도표로 정리하여 이해를 돕도록 했습니다. 본문은 계시록 전체를 기술하면서 주요 구절에 대한 이해를 돕기 위해 대괄호([ ]) 안에 간략한 해석을 넣었습니다. 계시록을 처음 읽는 분들도 쉽게 대강을 이해할 수 있고, 여러 번 읽은 분들도 내용을 요약해서 볼 수 있도록 구성하였습니다.

　거듭 말하거니와 계시록은 재림주님이 오시어 신부와 더불어 인류의 참부모로 현현하여 믿는 자들과 더불어 무시무시한 재앙을 극복하고 새 하늘과 새 땅을 여시는 구원섭리를 펼치시는 일을 보여주는 그야말로 소망의 책이라고 할 수 있습니다. 읽는 자와 듣는 자와 말씀을 지키는 자에게는 복이 있다는 말씀을 비롯해 일곱 차례에 걸쳐 나오는 천복을 주시는 축복의 책입니다.

　부디 독자들이 《요한계시록 해설 워크북》을 통하여 계시록의 진실에 입문하시고, 종말시대에 올바른 신앙을 찾아 하나님의 뜻에 맞는 삶을 사는 최고의 축복과 기회를 맞이하시기를 바랍니다.

　이 책을 출판하기까지 김일환 목사의 《요한계시록으로 본 재림시대》[1], 윤경환 목사의 《복귀원리로 본 요한계시록》[2], 조한복 목사의 《하나님의 뜻으로 본 요한계시록》[3]이 큰 도움이 되었습니다. 지면을 통하여 깊이 감사드립니다. 이 책의 출판을 지원해주신 신한국가정연합 황보국 협회장과 이경현 청파랑 대표, 그리고 관계자분들께 깊은 감사를 드립니다.

2024년 12월 7일

강원도 양양에서

정연길

1　김일환. 《요한계시록으로 본 재림시대》. 서울: 생각하는 백성, 2004.

2　윤경환. 《복귀원리로 본 요한계시록》. 고양: 국학자료원, 2020.

3　조한복. 《하나님의 뜻으로 본 요한계시록》. 서울: 청파랑, 2024.

차 례

요한계시록 개요

    통일원리에서는 인간의 원죄는 선악을 알게 하는 나무, 즉 해와의 사랑의 기관(생식기)이 뱀으로 비유되는 천사장(루시엘)의 유혹에 의해 영적으로 타락하고, 영적으로 타락한 상태에서 아담과 육적으로 타락한 것이라고 분명히 밝히고 있습니다.

    따라서 인류의 원죄는 거짓 사랑(불륜)이고, 이 거짓 사랑을 창조본연의 참사랑, 즉 부부간의 일대일의 절대적 사랑으로 사랑의 질서를 바로 세우지 못하고서는 인류는 영원히 구원될 길이 없습니다.

    요한계시록을 보면, 적 그리스도로 비유되는 음녀와 용, 바벨론 등이 수없이 등장합니다. 이 셋은 사탄, 공산주의, 물질만능주의 등으로 중복되어 나타나는데, 그 이유는 인류의 조상인 아담과 해와의 타락 이후, 인류를 고통스럽게 하는 모든 문제는 아담과 해와의 거짓 사랑이 근원이 되어 파생적으로 일어났기 때문입니다. 본심(本心)으로만 살아야 할 인간이 사심(邪心), 즉 이기적인 마음도 갖고 살게 되었기 때문입니다.

그래서 요한계시록의 핵심은 19장에 나오는 어린양 혼인 잔치입니다. 이 혼인 잔치는 축복결혼을 통하여 부부간에 일대일의 절대적 사랑의 질서를 세우는 것으로 재림주와 그의 아내 되는 실체 성령을 통해서만이 가능한 거룩한 행위입니다.

이 일대일의 절대적 사랑의 질서가 이루어지면 권력욕, 명예욕, 물질욕 등으로 비유되는 물질만능주의는 자연스럽게 사라지게 됩니다. 부부간의 일대일의 절대적 사랑의 기쁨으로 사는 사람에게 이러한 모든 것들은 보다 큰 사랑을 위한 삶의 수단이지 목적이 될 수 없기 때문입니다.

그리고 재림주가 생애를 통하여 반드시 승리해야 할 적은 적 그리스도인 공산주의입니다. 공산주의는 재림주의 등장과 함께 등장하여 하나님을 부정하는 거짓 이론으로 재림주를 통한 하나님의 인류구원역사를 훼방하기 위하여 나왔기 때문입니다.

그래서 재림주는 6번이나 감옥에 투옥되는 모진 고난과 고통과 핍박을 받으면서 공산주의와 싸웠고, 결국은 참사랑으로 그들을 품어 승리하셨습니다. 고르바초프를 만나 공산주의의 종주국인 소련을 해체하고 동구 공산권을 해방하셨습니다. 거짓 아버지 수령 김일성을 만나 거짓 주체사상을 버리고 하나님을 받아들일 것을 분명히 하고 형제의 인연을 맺었습니다.

따라서 요한계시록은 재림주가 독생녀와 어린양 혼인 잔치를 통해 참부모로 현현하여 세계에서 하나님 아래 하나의 대가족사회 비전을 성취할 것을 예언한 것입니다. 뿐만 아니라 적 그리스도인 공산주의를 사랑으로 품음으로써 전 인류를 구원하고 하나님을 해방해 가는 참부모의 생애노정을 2천년 전 예수님이 제자 요한에게 내려주신 계시 내용입니다.

요한계시록 22장은 다음 네 가지로 나누어 그 구조적 특징을 설명할 수 있습니다.

첫째, 1~3장은 예수님이 일곱 교회에 보내는 서신을 통하여 예수님이 재림할 때까지 2천년간 기독교인들이 지켜야할 신앙을 권면하는 계시 내용입니다.

둘째, 4~18장은 재림주가 등장하여(4~5장) 일곱 인(印)을 떼고(6장) 하늘에서 인 받은 14만 4천 무리와 함께(7장) 일곱 나팔을 불고(8~9장, 11장) 일곱 대접을 쏟아(16장) 음녀(사탄)와 짐승(공산당) 및 바벨론에 승리하는(17~18장) 계시 내용입니다.

셋째, 19~20장은 음녀와 짐승과 바벨론, 특히 공산주의를 멸한 후 어린양(재림주)과 신부 되는 독생녀 실체 성령 참어머니가 참부모로 등극하여 어린양 잔치(축복결혼)를 통하여 부부간의 일대일의 절대적 참사랑의 질서를 세움으로써 천년왕국, 천일국을 건설하는 계시 내용입니다.

넷째, 21~22장은 어린양의 아내, 실체 성령 참어머니를 통하여 새 하늘 새 땅, 거룩한 성 새 예루살렘인 HJ천원을 건설하여 만국의 왕들을 치리하고, 하나님의 참사랑의 발광체로 사는 좌우의 생명나무(창조본연의 부부)를 길러냄으로써 모든 인류가 하나님의 아들딸로 사는 세상을 만드는 계시 내용입니다.

요한계시록 해설

요한에 대한 예수 그리스도의 명령 및 재림 예언

- 반드시 속히 오셔서 구원하심[계1:1]
- 일곱 교회에 보내는 편지 서문

1:1 예수 그리스도의 계시라 이는 하나님이 그에게 주사 **반드시 속히 될 일**[하나님의 뜻 성사에 대한 절대 예정(사 46:11)]을 그 종들에게 **보이시려고**[하나님의 뜻을 미리 알려주심] 그 천사를 그 종 요한에게 보내어 지시하신 것이라

1:2 요한은 하나님의 말씀과 예수 그리스도의 증거 곧 자기의 본 것을 다 증거하였느니라

---

4 1~3장: 신약시대, 4~18장: 재림, 광야, 탕감복귀시대, 19~22장: 성약시대, 천일국시대(섭리 안착)

1:3 이 예언의 말씀을 읽는 자와 듣는 자들과 그 가운데 **기록한 것을 지키는 자들**[주님의 재림을 믿고 예비하는 자들(일곱교회에 국한되지 않음)]이 복이 있나니 때가 가까움이라

1:4 요한은 아시아에 있는 **일곱 교회**[특정교회가 아닌 상징적인 일곱 교회]에 편지하노니 **이제도 계시고 전에도 계시고**[현재-과거-미래=스스로 계시는 하나님(출3:14, 영원성)]장차 오실 이와 그 보좌 앞에 **일곱 영**[하늘 수3+땅 수4=7(완전수)]과

1:5 또 **충성된 증인으로 죽은 자들 가운데서**[예수님을 증거하기 위하여 핍박받고 십자가에 못박힌 기독교인들의 희생 위에] 먼저 나시고 **땅의 임금들의 머리**[만왕의 왕]가 되신 예수 그리스도로 말미암아 은혜와 평강이 너희에게 있기를 원하노라 우리를 사랑하사 **5 그의 피로**[주님의 참사랑의 말씀(희생)으로] **우리 죄에서 우리를 해방**[자기 중심(이기주의)에서 하나님 중심(타아주의)으로의 해방]하시고

---

5 피로 해방(계1:5), 피로 사서 하나님께 드림(계5:9), 피로 씻음(계7:14), 피의 증거로 이겼음(계12:11), 피 뿌린 옷(계19:13), 따라서 십자의 보혈이란 '하나님의 말씀, 사랑, 희생'을 말한다.

1:6 그 아버지 하나님을 위하여 **우리를**[주님과 하나된 사람들] **나라와 제사장**[하나님의 나라를 이루어 드리는 제사장]으로 삼으신 그에게 영광과 능력이 세세(世世)토록 있기를 원하노라 아멘

1:7 볼찌어다 **⁶구름을 타고 오시리라**[마음이 땅에 있지 않고 하늘에 있는 독실한 성도들을 이끌고 오신다] **각인의 눈**[세계의 모든 사람이]이 그를 보겠고 **그를 찌른 자들**[끝 날에 재림 역사를 방해하고 핍박하는 자들]도 볼 터이요 땅에 있는 모든 족속이 그로 말미암아 **애곡하리니 그러하리라**[애통해 하고 회개하리라] 아멘

1:8 주 하나님이 가라사대 **⁷나는 알파와 오메가라**[하나님의

---

6 말라기 4장 5절에 메시아 강림에 앞서 승천한 엘리야가 먼저 오신다는 예언이 있기 때문에, 예수님 시대의 유대인들은 9백년 전에 엘리야가 불수레와 불말을 타고 승천하던 모습(열왕하2:11) 그대로 다시 올 줄로 믿고 있었다. 그런데 예수님은 세례 요한을 엘리야라고 말씀하셨다(마 17:10~13). 이와 같이 '구름을 타고 오신다'는 것은 실제로 구름을 타고 오신다는 것이 아니라, 계시록 12장 5절과 12절의 예언처럼, 재림주는 육신을 쓰고, '마음이 땅에 있지 않고 하늘에 있는 독실한 성도들을 데리고 오신다'는 의미로 보아야 한다.

7 3대축복: 하나님께서 아담과 해와를 창조하시고, 그들에게 생육하고 번성하여 땅을 정복하라(창1:28)는 3대축복을 약속해 주셨다. 제1축복인 '생육하라'는 개성완성을 이루어 심정적 인간이 되는 것을 의미한다. 제2

뜻 성취는 절대적(사46:11), 3대축복(창1:28)을 반드시 이루심] **이 제도 있고**[현재에도 그렇고] **전에도 있었고**[과거에도 그랬고] **장차 올 자요**[미래에도 인간을 참사랑으로 사랑해 주실 분] **전능한 자라 하시더라**

그리스도의 명령

1:9 나 요한은 너희 형제요 **예수의 환난과 나라의 참음에 동참하는 자라**[모진 박해와 핍박 가운데서도 하나님의 나라를 이루는데 동참함(요한과 기독교인의 정체성)] 하나님의 말씀과 예수의 증거를 인하여 **밧모라 하는 섬에 있었더니**

[요한은 예수님의 12제자 중에 유일하게 처형당하지 않음, 밧모섬에 유배 가서 요한계시록을 씀]

1:10 **주의 날**[요한이 사명을 받은 날]에 내가 성령에 감동하여 내 뒤에서 나는 [8]**나팔 소리**[하나님의 음성(메시지)] 같은

축복인 '번성하여 땅에 충만하라'는 아담과 해와가 참부모가 되어, 선의 자녀를 번식함으로써 선주권의 가정과 사회와 세계를 이루게 되는 것을 의미한다. 제3축복인 '땅을 정복하라'는 아담과 해와가 완성되어, 만물을 사랑으로 주관하게 되는 것을 의미한다.

8 나팔소리
구약: 인간 역사에 대한 하나님의 개입을 상징한다(사27:13).

큰 음성을 들으니

1:11   가로되 **너 보는 것을**[예수님으로부터 본 것을] 책에 써서
      에베소, 서머나, 버가모, 두아디라, 사데, 빌라델비아,
      라오디게아 **일곱 교회에 보내라**[실제 7개의 교회, '완전, 완
      성, 대표, 승리'의 의미도 있음] 하시기로

*12~16절은 요한이 예수님에 대하여 본 내용이다.

1:12   몸을 돌이켜 나에게 말한 음성을 알아 보려고 하여
      돌이킬 때에 **일곱 금 촛대를 보았는데**[주님은 세상을 비
      추는(참사랑이 넘치는) 교회에 계심(계1:20)]

1:13   촛대[교회] 사이에 인자(人子) 같은 이가 **발에 끌리는
      옷**[권위의 상징(시104:1)]을 입고 가슴에 **금띠를 띠고**[완전
      성, 흠이 없는 의를 상징]

1:14   그의 **머리와 털의 희기가 흰 양털 같고**[흰 색: 권위, 영광,

───────────────

신약: 주님의 재림과 깊은 관계가 있다(마24:31, 고전15:52, 살전4:16).
나팔소리는 인간을 향한 경고(습1:16), 전쟁신호이다(민10:2~7, 렘6:1, 딤
후2:3).

순결(단7:9), 에베소교회에 나타난 모습] 눈 같으며 **그의 눈은 불꽃 같고**[어둠을 밝혀내는 공의의 눈(계2:18, 단10:6, 시139:23, 히4:13), 두아디라교회에 나타난 모습]

1:15 **그의 발은 풀무불에 단련한 빛난 주석**[풀무질하여 피우는 불같이 뿜어나오는 참사랑의 말씀, 주석(구리)-심판, 성결을 의미] **같고 그의 음성은 많은 물 소리**[그가 주시는 하나님의 참사랑의 말씀은 끝없이 쏟아지는 폭포수]**와 같으며**

1:16 **그 오른손에 일곱 별이**[사데교회에 나타남, 하늘 일을 돕는 일곱교회의 사자(계1:20)] **있고 그 입에서 좌우에 날선 검**[버가모교회에 나타남, 선악을 판별하는 주님의 참사랑의 말씀(히4:12)]**이 나오고 얼굴은 해가 힘있게 비취는것**[참사랑으로 빛나는 주님의 거룩하고 눈부신 모습(마17:1, 행26:13, 단10:8)] **같더라**

* 17~20절은 요한이 예수님으로부터 들은 내용이다.

1:17 **내가 볼 때에 그 발 앞에 엎드러져**[(예수님을 십자가에 못 박은) 회개하는 마음으로]**죽은 자 같이 되매 그가 오른손**

을 내게 얹고[하나님의 권능(사랑, 능력)으로] 가라사대 두려워 말라 **나는 처음이요 나중이니**[하나님과 심정일치를 이루신 주님의 신성]

1:18 곧 **살아있는 자**[하나님의 참사랑, 즉 영원성을 가진 자]라 내가 전에 **죽었었노라 볼찌어다**[서머나 교회에 나타남, 예수님은 십자가에 못 박힘, 육신의 죽음] 이제 **세세토록 살아 있어**[하나님의 참사랑의 영원성] **사망과 음부(陰府)의 열쇠를 가졌노니**[필라델피아교회에 나타남, 거짓 사랑(음란)에 의하여 죽은 자들을 참사랑으로 살려내는 열쇠(권능)를 가짐]

1:19 그러므로 [9]네가 본 것과 [10]지금 있는 일과 [11]장차 될 일을 기록하라

1:20 네 본 것은 **내 오른손에**[하나님의 권능(권위)으로] **일곱 별의 비밀과 일곱 금 촛대라**[재림주를 맞이하기 위한 기독교의

---

9 네가 본 것: 1장 이루셨고(과거), 신약시대
10 지금 있는 일: 2~3장 이루고 있는(현재), 일곱 교회 상황, 미래 기독교 2천 년 역사 계시
11 장차 될 일: 4~22장 이루어질 것(미래), 일곱인을 떼면서 시작되는 일곱 나팔재앙과 일곱 대접 재앙으로 이어지는 하나님의 구원섭리

2천년간의 7단계의 준비과정과 천사의 도움] 일곱 별은 **일곱 교회의 사자**[일곱의 각 교회(단계)에 역사하는 일곱의 천사]요 **일곱 촛대는 일곱 교회**[어둠을 밝혀서 만인을 하나님의 빛 가운데로(요12:36) 인도해야 할 재림주의 사명]니라

일곱 교회 중 네 교회(에베소, 서머나, 버가모, 두아디라)에 보내는 편지

- 2장과 3장은 일곱 교회에 보내는 편지이다.
- 예수 그리스도가 재림하기까지의 2천년간의 기독교인들에 대한 신앙 권면[2천년간의 영적기대 조성]

에베소 교회에 보내는 말씀

"처음 행위를 가져라(계2:4~5)" - 초지일관의 신앙 권면

2:1 [12]에베소 교회의 사자에게 편지하기를 **오른손에 일곱 별을 붙잡고**[주님은 하나님의 권능으로 일곱 천사들을 대동하고] **일곱 금 촛대 사이에 다니시는 이**[하나님의 사랑이 주관하는 완성된 일곱 교회가 되도록 주관하시는 주님]가 가라사대

---

12 에베소는 소아시아(지금의 튀르키예) 서안 카이스테르(Cayster) 강 하구에서 약 5Km 내륙에 위치한 항구도시이다. 에베소교회는 바울이 2, 3차 전도여행 중에 자주 방문했던(행19:1~23) 곳이고 바울 일행이 폭도에 의해 추방되었던 곳이기도 하다(행19:21~41).

2:2 내가 **네 행위와 수고와 네 인내**[당시 로마에 자행된 기독교인 핍박에 대해 견뎌낸 수고와 행위]를 알고 또 **악한 자들**[예수님이 성육신하심을 부정하는 자들]을 용납지 아니한 것과 자칭 사도라 하되 아닌 자들을 시험하여 그 거짓된 것을 네가 드러낸 것과

2:3 또 네가 참고 내 이름을 위하여 견디고 게으르지 아니한 것을 아노라

2:4 그러나 너를 책망할 것이 있나니 너의 **처음 사랑을 버렸느니라**[주님에 대한 열정적 사랑, 생명이 없는 형식적인 신앙에 대한 경고]

2:5 그러므로 어디서 떨어진 것을 생각하고 회개하여 **처음 행위**[주님에 대한 열정적 사랑]를 가지라 만일 그리하지 아니하고 회개치 아니하면 내가 네게 임하여 **네 촛대를**[너를 도와주는 천사가] 그 **자리에서 옮기리라**[너와 너희 교회로부터 떠나리라]

2:6   오직 네게 이것이 있으니 네가 **¹³니골라당의 행위**[무율 법주의, 육신 해방(쾌락)주의]를 미워하는도다 나도 이것을 미워하노라

2:7   **귀 있는 자**[하나님(양심)의 소리를 듣고 사는 자]는 성령이 **교 회들에게 하시는 말씀**[주님이 교회를 통하여 주시는 하나님 의 참사랑의 말씀]을 들을찌어다 **이기는** 그[예수님의 처음 사랑으로 사는 자]에게는 내가 하나님의 낙원에 있는 **생 명나무의 과실**[참사랑을 완성한 창조본연의 인간(잠13:12, 계 22:14)]을 주어 먹게 하리라

---

13   니골라는 처음에는 금욕주의였다가, 제자의 그릇된 행위로 니골라 3세 때에 이르러 육체의 해방을 부르짖게 되었다. 에베소 교회와 버가모 교회 에 침투한 극단적 자유주의이며, 이들은 한번 하나님을 믿은 뒤에는 무 슨 행동을 해도 죄가 되지 않는다며 도덕폐기론과 무율법주의를 주장했 다(계 2:14-15, 20).

서머나 교회에 보내는 말씀

죽도록 충성하라→생명의 면류관을 네게 주리라(계2:10) - 절대적 신앙으로 핍박을 이길 것 권면

2:8　**14서머나 교회**[빌라델비아 교회와 같이 칭찬만 받은 교회]의 사자에게 편지하기를 **처음이요 나중이요**[하나님의 뜻 성취의 주인이신] **죽었다가 살아나신 이**[죽어서도 부활하여 역사하시는 주님]가 가라사대

2:9　내가 **네 환난과 궁핍**[부유한 도시인 서머나 지역의 기독교인들의 환난과 궁핍]을 아노니 실상은 네가 **부요한 자**[핍박받는 너희들이 부유한 자]니라 **자칭 유대인이라 하는 자들의 훼방**['여호와의 총회'라고 하여, 로마제국과 하나되어 기독교인들을 고발하여 사형장으로 끌어낸 자들의 훼방]도 아노니 실상

14　서머나는 제우스를 섬기는 황제숭배의 중심지로, 소아시아 서안의 항구 도시(지금의 튀르키예 이즈미르 Izmir)인데, 이 교회는 일곱 교회 중 빌라델비아 교회와 함께 책망 없이 칭찬만 받은 교회이다. 최초의 신도들은 유대인 개종자들로서 대부분이 가난한 사람들이었고, 이들은 그 시대에 행해지고 있던 황제숭배를 거부하여 기독교사상 최대의 잔혹한 박해를 받았지만, 이에 굴복하지 않았다. 실례로 서머나 감독이었던 폴리카르포스(Polykarposs, AD 69~155)는 황제숭배를 강요하는 총독의 명령을 거부하여 그리스도 신앙만을 고집하다가, 86세 때 12번째 순교자로서 화형을 당했다.

은 유대인이 아니요[그들은 여호와 하나님이 떠난] **사단의**
회[사탄의 사주를 받은 자들]라

2:10 네가 **장차 받을 고난**[순교를 예고]을 두려워 말라 볼찌
어다 마귀가 장차 너희 가운데서 몇 사람을 옥에 던
져 시험을 받게 하리니 너희가 **[15]십일 동안 환난을 받**
으리라[네로(AD37~68)~열 번째 디오클레시안황제(AD303~313
년)] 네가 죽도록 충성하라 그리하면 내가 생명의 면
류관을 네게 주리라

2:11 **귀 있는 자**[양심의 소리를 듣는 자]는 성령이 교회들에게
하시는 말씀을 들을찌어다 **이기는 자**[주님의 사랑 가운
데서 사는 자]는 **[16]둘째 사망의 해**[참사랑의 심판인 심정적인
사망(계20:14, 계21:8)]를 받지 아니하리라

---

15 카타콤(catacomb): 초기 기독교시대의 기독교인들의 지하 공동묘지였
으며, 기독교 박해를 피한 피난처였고 예배처로도 사용되었다(로마 박해
기간에 약 600만 명이 지하 통로 벽에 매장됨).

16 고린도전서 15장 45절에 "기록된바 첫 사람 아담은 산 영이 되었다 함과
같이 마지막 아담(둘째 아담)은 살려주는 영이 되었나니"라고 하는 것처
럼, 둘째 사망은 하나님의 실체이신 둘째 사람 예수님에 대한 인간들의
불신과 불순종으로 인한 영적인 죽음(요14:9)을 말한다. 또한 유대인들
이 예수님의 말씀을 불신하여 선민이 되지 못한 것처럼 재림 때에도 기
독교인들이 재림주님의 새 말씀을 믿지 못하여 하늘 백성이 되지 못하는
것을 뜻한다.

버가모 교회에 보내는 말씀

> 말씀을 지켜라→만나를 주고 흰 돌을 줄터(계2:17) - 회개하
> 고 말씀을 지킬 것을 권면

2:12 ¹⁷버가모 교회의 사자에게 편지하기를 **좌우에 날선 검**

[살아있는 주님의 새 말씀, 곧 마지막 날의 심판의 말씀(히4:12)]을

가진 이가 가라사대

2:13 네가 어디 사는 것을 내가 아노니 거기는 **사단의 권**

좌가 있는 데[황제를 숭배하고 분향하는 도시(버가모)]라 네

가 내 이름을 굳게 잡아서 내 **충성된 증인**[안디바의 별

칭] ¹⁸**안디바**가 너희 가운데 곧 사단이 거하는 곳에서

죽임을 당할 때에도 나를 믿는 믿음을 저버리지 아니

하였도다

---

17 버가모는 고대 무시아의 한 지방 도시로 황제숭배의 중심지였다. 이 도시
에는 이교도들의 신전이 많았는데 제단 높이만 해도 12m나 되는 제우스
신전도 있었다. 주전 29년에는 로마 황제의 신전이 세워져서, 그리스도
교인들로부터 싸움의 성읍이라고 불렸는가 하면, 초기의 순교자 안디바
를 냈다.

18 안디바는 버가모 교회의 감독으로 도미티아누스 황제 때에 끓는 청동 솥
에 삶아져서 참혹한 죽임을 당하면서도 주님을 배신하지 않고 믿고 섬겼
다. '그리스도의 충성된 증인'라는 별칭을 지니고 있다.

2:14 그러나 네게 두어가지 책망할 것이 있나니 거기 네게 **[19]발람의 교훈**[하나님의 말씀을 거역하고 불순종하여 끝내 죄의 대가를 받아 죽임을 당한 교훈(민22:1~6, 수13:22)]을 지키는 자들이 있도다 **발람**[이방인 예언자이자 브올의 아들]이 **발락**[모압의 왕]을 가르쳐 이스라엘 앞에 올무를 놓아 우상의 제물을 먹게 하였고 또 행음하게 하였느니라

2:15 이와 같이 네게도 **니골라당의 교훈**[세상과 타협하고 향락을 즐김]을 지키는 자들이 있도다

2:16 그러므로 회개하라 그리하지 아니하면 내가 네게 속히 임하여 **내 입**[하나님의 사랑의 말씀]의 **검으로**[심판으로] 그들과 싸우리라

2:17 **귀 있는 자**[양심의 소리를 듣는 자]는 성령이 교회들에게 하시는 말씀을 들을찌어다 **[20]이기는 그**[절대적인 믿음과

---

19 발람: 속이는 자, 성적 문란을 통해서 우상숭배를 하도록 유혹했다. 세상에 순응하라고 가르쳤다.

20 이기는 그(자): 발람에게 있었던 유혹과 우상숭배와 행음 따위의 갖가지 유혹에 현혹되지 않고 절대적인 믿음과 충효로서 승리하는 자를 말한다.

충효로서 승리하는 자]에게는 내가 **²¹감추었던 만나**[영인체 완성을 위한 진리의 말씀]를 주고 또 **²²흰 돌을 줄 터인데** [반석(참부모)의 기반 위에 세워진 제2의 참부모가 되고] 그 돌 위에[제2참부모로서의 승리적 기반 위에] **새 이름**[축복가정, 천보가정]을 기록한 것이 있나니 **받는 자 밖에는**[하나님의 참사랑의 기쁨을 누려보지 못한 자는] 그 **이름**[참부모라는 이름의 위상과 가치]을 알 사람이 없느니라

두아디라 교회에 보내는 말씀

더불어 간음하는 자들→자녀를 죽이리니(계2:22~23) - 간음 행위를 하지 말 것을 권면

2:18 **²³두아디라 교회의 사자에게 편지하기를 그 눈이 불꽃**

---

21 만나: 이스라엘 민족이 애굽고역에서 벗어나 광야 40년의 생활 속에서 굶주릴 때에 하늘이 내려주신 음식물(출16:4~35), 즉 물질적 축복을 의미하며, '감추었던 만나'는 영인체(靈人體)의 완성을 위한 진리의 말씀을 의미한다.

22 흰 돌: 그리스도를 의미하는 반석은(고전10:4) 뿌리이프로, 여기에서의 돌은 그리스도의 '분성전'이라는 의미이다. 특히 흰 돌은 성결되어 정결(시51:7)한 '분성전'의 의미이다.

23 두아디라는 소아시아 서부 고대 루디아 지방의 성읍으로 현 튀르키예의 아키사르를 말한다. 두아디라는 황제숭배나 헬라종교의 거점도시가 아니므로 타종교에 대한 박해는 없었다. 하지만 교회 내부 환경으로부터 오는 어려움이 문제가 되었다. 예를 들어, 이세벨(자칭 선지라고 하는 어

같고[그 눈이 하나님의 눈같이 밝고] 그 발이 빛난 주석과 같은[완전하고 거룩한 심판을 하시는(주석: 심판, 성결의 의미)] 하나님의 아들[참아들 예수님↔제우스의 아들(아폴로)]이 가라사대

2:19 내가 네 사업[네가 하는 하나님의 일]과 사랑과 믿음과 섬김과 인내를 아노니 네 나중 행위[예수님을 영적으로 만나고부터 한 일]가 처음 것보다 많도다[예수님이 살아계실 때 한 일보다 많다, 에베소 교회와는 상반되는 칭찬의 말씀]

2:20 그러나 네게 책망할 일이 있노라 자칭 선지자라 하는 여자 [24]이세벨을 네가 용납함이니[바알숭배: 신앙공동체와해시킴] 그가 내 종들을 가르쳐 꾀어 행음[간음]하게 하고 우상의 제물을 먹게 하는도다[물질(우상)을 중심으로 하나님의 아들딸들을 타락하게 한다]

자) 같은 지도자는 신자들은 그리스도의 임재와 성령의 보호 아래 있으므로 생업과 직업의 번창을 위해서는 세상과 타협하여 살아야 한다고 주장하기까지 하였다.

24 이세벨은 시돈 왕 엣바알의 딸이자, 이스라엘의 7대 왕 아합의 아내로서 (왕상16:30~34, 21:25) 악명 높은 악녀였다. 그녀는 시돈에서 이스라엘로 시집올 때에, 그 아비를 따라 바알 신앙을 이스라엘에 성행시키기 위해 남편 아합왕으로 하여금 제단을 쌓고 아세라상을 세우게 하였다. 이를 위해 여호와의 선지자들을 죽이고(왕상18:13~19), 바알의 선지자 450명과 아세라 선지자 400인을 먹여 살렸으며, 이스라엘 사람들에게는 우상의 제물을 먹게 하였다.

2:21 또 내가 그에게 회개할 기회를 주었으되 그 음행을 회개하고자 아니하는도다

2:22 볼찌어다 내가 그를 **침상에 던질터이요**[고통과 질병을 상징] 또 그로 **더불어 간음하는 자들**[이세벨의 가르침을 따르는 자들]도 만일 그의 행위를 회개치 아니하면 큰 환난 가운데 던지고

2:23 또 내가 사망으로 **그의 자녀를 죽이리니**[실제로 당시에 성병으로 많이 죽음] 모든 교회가 나는 사람의 뜻과 마음을 살피는 자인 줄 알찌라 **내가 너희 각 사람의 행위대로 갚아 주리라**[공평하신 하나님, 네 번의 행위 심판(계2:23, 18:6, 20:12-13, 22:12)]

2:24 두아디라에 남아 있어 **이 교훈**[간음하는 자들의 패망]을 받지 아니하고 소위 **사단의 깊은 것**[달콤한 육신 쾌락의 유혹]을 알지 못하는 너희에게 말하노니 **다른 짐**[거부 외 다른 방법]으로 너희에게 지울 것이 없노라

2:25 다만 너희에게 있는 것을 내가 올 때까지 굳게 잡으라

2:26 **이기는 자**[말씀으로 세상을 이기는 자]와 끝까지 **내 일을 지키는 그에게**[하나님의 나라와 의를 위하여 사는 자에게는] **만국을 다스리는 권세**[만국과 만물을 사랑으로 주관하는 권세]를 주리니

2:27 그가 **철장**[말씀]을 가지고 저희를 다스려 [25]**질그릇 깨뜨리는 것과 같이 하리라**[불의한 육신의 욕망은 어디에도 쓸데없는 질그릇과 같아서 과감히 쳐야함] **나도 내 아버지께 받은 것이 그러하니라**[하나님으로부터 받은 말씀으로 나의 육신의 욕망을 친다.]

2:28 내가 또 그[이기는 자와 끝까지 내 일을 지키는 자(계2:26)]에게 **새벽 별**[(어두움에 길 잃어 방황하는 자들에게) 빛과 같은 존재인 재림주(계22:16)]을 주리라

2:29 **귀 있는 자**[양심의 소리를 듣고 사는 자]는 **성령**[하나님의 사랑]이 교회들에게 하시는 말씀을 들을찌어다

---

25 질그릇은 진흙을 빚어 유약을 바르지 않고 구운 용기(容器)이다. 약하고 무가치한 존재, 한계가 분명한 인간의 육신(사45:9, 고후4:7), 아무런 가치 없는 물건(딤후2:20)에 비유했다.

일곱 교회 중 세 교회(사데, 빌라델비아, 라오디게아)에 보내는 편지

> – 살았다 하는 이름은 가졌으나 죽은 자[계3:1]→일깨워라, 하나님 앞에 행위의 온전한 것을 찾아라[계3:2]→흰옷을 입을 것이요, 아버지 앞과 그 천사들 앞에서 시인하리라[계3:5]

사데 교회에 보내는 말씀

> 살았다 하는 이름은 가졌으나 죽은 자(계3:1) - 육을 중심한 세속적 삶에 대한 경고

3:1 [26]사데 교회의 사자에게 편지하기를 하나님의 **일곱 영과 일곱 별**[일곱 교회를 보호하는 일곱 천사]을 가진 이가 가라사대 내가 네 행위를 아노니 네가 **살았다 하는 이**

---

26 사데는 인류 역사상 최초로 금은화를 주조한 화폐의 신기원을 이루었던 루디아 왕국의 수도였다. 요한이 사데 교회에 편지를 보낼 당시, 이곳은 물질적으로 풍요했지만 윤리적으로는 불순종한 도시였다. 이 같은 퇴폐 문화 속에서 교회도 그 기능을 상실하여 살아 있는 교회라기보다는 죽은 교회, 즉 퇴화된 교회였다.

름[육신의 생명]은 가졌으나 **죽은 자**[하나님의 사랑이 없는 자]로다

3:2 너는 **일깨워**[이 말씀을 새겨] 그 **남은바 죽게 된 것**[남은 인생이 하나님의 사랑이 없이 살게 되는 것]을 **굳게 하라**[마음을 고쳐먹어라] 내 하나님 앞에 **네 행위**[너의 삶]의 **온전한 것**[하나님의 사랑으로 사는 것]을 찾지 못하였노니

3:3 그러므로 네가 어떻게 받았으며 어떻게 들었는지 생각하고 지키어 회개하라 만일 일깨지 아니하면 내가 **[27]도적 같이 이르리니**[도적같이 와서 너의 치부를 빼앗아 버릴 것이니] 어느 시에 네게 임할는지 네가 알지 못하리라

3:4 그러나 사데에 그 옷을 **더럽히지 아니한 자**[사탄의 옷(거짓 사랑)을 입지 아니한 자] 몇 명이 네게 있어 **흰 옷**[하나님의 옷(참사랑)]을 입고 나와 함께 다니리니 그들은 합당한 자인 연고라

---

27 깨어있지 않으면 도적같이 오시고(살전5:2, 벧후3:10), 깨어 있으면 도적같이 오시지 않는다(살전5:4~5).

3:5 **이기는 자**[음란과 이기심을 이긴 자]는 이와 같이 **흰 옷**[하나님의 참사랑 옷]을 입을 것이요 내가 그 이름을 **생명책**[천국 백성 명부]에서 반드시 흐리지 아니하고 그 이름을 내 아버지 앞과 그 천사들 앞에서 **시인하리라**[예수님은 변호사의 입장]

3:6 **귀 있는 자**[양심의 소리를 듣는 자]는 성령이 교회들에게 하시는 말씀을 들을찌어다

빌라델비아 교회에 보내는 말씀

적은 능력을 가지고도 내 말을 지키며(3:8) - 거룩하고 진실한 신앙을 칭찬

3:7 [28]**빌라델비아 교회**[서머나 교회와 같이 칭찬만 받은 교회]의 사자에게 편지하기를 [29]**거룩하고 진실하사 다윗의 열**

---

28 빌라델비아는 소아시아 서부에 있는 루디아 지방의 도시이다. 이 교회는 서머나 교회처럼 책망없이 큰 칭찬을 받았다. 그 이유는 튀르키예군과 이슬람이 소아시아를 휩쓸 때에 다른 성들은 대부분 굴복했으나 이 교회만은 굴복하지 않고 신앙을 지켜 기독교의 본산지가 되었기 때문이다.

29 구약시대에는 하나님에게만 쓰이던 이 '거룩하다'(사6:3, 43:15)라는 칭호를 빌라델비아 교회에 주신 이유는 주님을 거짓 메시아라고 핍박하는 빌라델비아 유대인들을 반박하는 동시에, 성도들에게는 주님이 하나님의 아들이자 거룩하고 선하고 참된 분으로서 하나님의 실체임을 가르치고

쇠를 가지신[구원과 심판의 권세를 가진(요5:22)] 이 곧 열면 닫을 사람이 없고 닫으면 열 사람이 없는 그이가 가라사대

3:8 볼찌어다 내가 네 앞에 열린 문을 두었으되 능히 닫을 사람이 없으리라 내가 네 행위를 아노니 네가 **적은 능력을 가지고도**[열악한 교회 환경에서도, 일곱 교회 중 복음화가 가장 활발] 내 말을 지키며 내 이름을 배반치 아니하였도다

3:9 보라 사단의 회 곧 **자칭 유대인이라 하나 그렇지 않고** [서머나교회(계2:9)같이 주님이 메시아임을 부인하는 유대인들같이 주님을 핍박하는 자들] 거짓말 하는 자들 중에서 몇을 네게 주어 저희로 와서 **네 발 앞에 절하게 하고**[핍박받는 신도들에게 선의 승리를 약속하고 믿음을 권면(사46:11, 60:14)] **내가 너를 사랑하는 줄을 알게 하리라**[주님의 사랑에 의한 핍박이므로 끝까지 책임져주심]

3:10 네가 나의 인내의 말씀을 지켰은즉 **내가 또한 너를 지**

자 하는데 있다.

키어[선책임 후은사의 말씀, 책임분담(막9:23, 8:38, 계3:11)] 시험의 때를 면하게 하리니 이는 **장차**[재림의 때] 온 세상에 임하여 **땅에 거하는 자들을 시험**[믿지않는 자에게는 심판, 믿는 자에게는 구원]할 때라

3:11 내가 속히 임하리니 **네가 가진 것을 굳게 잡아**[8절처럼 열악한 환경 가운데서도 주님을 신실하게 믿으므로] 아무나 네 **면류관**[승리의 실적]을 빼앗지 못하게 하라

3:12 **이기는 자**[음란과 이기심을 이긴 자]는 내 **하나님 성전**[천일국 성전]에 기둥이 되게 하리니 그가 결코 **다시 나가지 아니 하리라**[하나님 나라의 영원한 백성으로 남으리라] 내가 하나님의 이름과 하나님의 성 곧 하늘에서 내 하나님께로부터 내려 오는 **새 예루살렘**[하나님의 나라, 천일국]의 이름과 **나의 새 이름**[제 2의 참부모라는 이름]을 **그이**[이기는 자] 위에 기록하리라

3:13 **귀 있는 자**[양심의 소리를 듣는 자]는 성령이 교회들에게 하시는 말씀을 들을찌어다

라오디게아 교회에 보내는 말씀

> 차지도 아니하고 더웁지도 아니하도다(계3:15) - 쾌락주의와
> 물질주의에 대한 경고

3:14 [30]라오디게아 교회[전혀 칭찬받지 못한 교회]의 사자에게
편지하기를 아멘이시요 충성되고 참된 증인이시요 하
나님의 창조의 근본이신 이가[주님] 가라사대

3:15 내가 네 행위를 아노니 **네가 차지도 아니하고 더웁지
도 아니하도다**[두 주인을 섬겨서는 안 된다. 절대적으로 주님을
따르라는 절대 믿음에 대한 권고(마12:30, 10:37, 눅11:23)] 네가
차든지 더웁든지 하기[성별된 신앙, 악을 물리치고 선을 향하
는 신앙]를 원하노라

3:16 네가 이같이 미지근하여 더웁지도 아니하고 차지도
아니하니 **내 입**[주님의 사랑권]에서 **너를 토하여 내치리**

---

30 라오디게아는 소아시아 서부 브르기아 지방의 중요한 성읍이다. 현재는
튀르키예 데니즐리의 서방에 있는 에스키 힛사르(Eski Hissar)라고 불리
는 곳이다. 라오디게아 교회는 사데 교회처럼 부요한 교회로, 주님으로부
터 전혀 칭찬을 받지 못한 교회이다. 이 교회는 물질주의와 쾌락주의에
빠진 끝날의 사회의 모습을 보여준다. 하나님이 보내주신 참부모를 통해
서 본질을 만나야 한다.

라[떨어져 나가게 하리라]

3:17 네가 말하기를 나는 부자라 부요하여 부족한 것이 없다 하나 네 **곤고한 것**[곤란하고 괴로운 것]과 **가련한 것**[가 없고 불쌍한 것]과 **가난한 것**[심정이 메마른 것]과 **눈 먼 것**[물질욕(이기심)에 빠진 것]과 **벌거벗은 것**[거짓사랑에 빠진 것]을 알지 못하도다

3:18 내가 너를 권하노니 내게서 **불로 연단한 금을 사서**[뜻에 대한 불변의 절대적인 믿음을 가지라는 권면의 말씀(벧전1:7)] **부요하게 하고**[(마음을) 부요하게 하고] **흰 옷**[믿음으로 승리한 자들이 입는 옷(전9:8)]을 사서 입어 **벌거벗은 수치**[불신(거짓사랑)에 의한 수치심(치욕)]를 보이지 않게 하고 **안약을 사서 눈에 발라**[맹목의 눈이 아닌, 신의 섭리를 깨닫는 성령의 눈으로] 보게 하라

3:19 무릇 내가 **사랑하는 자를 책망하여 징계하노니**[하나님은 사랑하시기 때문에 책망하신다(잠12:1, 3:11~12)] 그러므로 **네가 열심을 내라 회개하라**[자아주관, 개성완성을 해야 한다는 말씀(마16:26)]

3:20 볼찌어다 내가 **문밖에 서서**[너희들이 알지 못하는 가운데서도] 두드리노니 누구든지 **내 음성**[본심의 소리]을 듣고 **문을 열면**[마음의 문(사랑하는 마음)을 열면] 내가 **그에게로 들어가**[그와 심정의 일치를 이루어] **그로 더불어 먹고**[그의 사랑이 주님의 사랑이 되고] **그는 나로 더불어 먹으리라**[주님의 사랑이 그의 사랑이 되어 살리라]

3:21 **이기는 그**[음란과 이기심을 이긴 자]에게는 내가 **내 보좌**[참부모의 자리]에 함께 앉게 하여주기를 내가 **이기고**[3대 축복을 이루고] **아버지 보좌**[참사랑의 주인의 자리]에 함께 앉은 것과 같이 하리라

3:22 **귀 있는 자**[양심의 소리를 듣는 자]는 성령이 교회들에게 하시는 말씀을 들을찌어다

열린 문으로 본 하늘 보좌와 주변의 모습

- 좌에 앉으신 이와 12장로와 네 생물의 모습[계4:2, 4, 6], 일곱 교회[2천년] 후 재림 조건 성립

하늘의 예배

4:1 **이 일 후에**[일곱교회시대(2천년) 이후에] 내가 보니 하늘에 **[32]열린 문**[계시의 문(하나님의 뜻과 계획)]이 있는데 내가 들은바 처음에 내게 말하던 나팔소리 같은 그 음성이 가로되, **이리로 올라오라**[하늘(영계) 3층천(고후12:1~4)] **이후에 마땅히 될 일을**[미래 계시: 필연적으로 이루어질 일] 내가 네게 보이리라 하시더라

---

31 4장부터 18장까지는 재림, 광야, 탕감복귀시대의 것을 예시한다.
32 요한이 잠시 휴거하여 환상을 본다. 휴거의 예) 에스겔의 환상(겔1:1), 스테반의 환상(행7:56), 예수님이 세례받을 때의 성령강림(마3:16), 베드로의 환상(행10:11)

4:2 내가 곧 **성령에 감동**[영적인 황홀경(밧모섬)]하였더니 보라 하늘에 보좌를 베풀었고 그 **보좌**[하늘보좌: 하나님의 주권과 권위] 위에 앉으신 이가 있는데

4:3 앉으신 이의 **모양이 벽옥과 홍보석 같고**[하나님의 형상 비유(광채나 빛으로 묘사, 요일1:5, 딤전6:16)] 또 무지개가 있어 보좌에 둘렸는데 그 모양이 **녹보석 같더라**[주님의 거룩한 모습(겔1:26~28)]

4:4 또 보좌에 둘려 **이십 사 보좌들이**[목자와 같은 사역자(구약, 신약 각 12장로)] 있고 그 보좌들 위에 **33이십 사 장로들**[천상과 지상의 모든 사역자]이 **34흰 옷**[하나님의 참사랑의 옷]을 입고 머리에 **금 면류관**[영광의 상징]을 쓰고 앉았더라

4:5 보좌로부터 **번개와 음성과 뇌성이 나고**[하나님의 능력과 위엄(출19:16, 겔1:13)] 보좌 앞에 **일곱 등불 켠것이**[하나님은 인간에 대한 절대적인 길잡이요, 인도자(삼하22:29, 요8:12)] 있으

---

33 24수는 하늘 수인 3과 땅 수인 4를 곱한 12수의 배수로 하늘과 땅의 완성수를 의미한다.

34 흰옷: 영광된 성도의 예복(계3:18~19), 옳은 행실의 의복(계19:8)

니 이는 **하나님의 일곱 영이라**[하나님의 일곱영은 인간이 나아가야 할 길의 목표점(시편119:105)]

4:6 보좌 앞에 **수정과 같은 유리 바다**[궁창의 물, 거룩한 하늘 성전을 상징]가 있고 보좌 가운데와 보좌 주위에 **네 생물이 있는데**[4수-만물을 대표(각 분야를 대표하는 존재)(겔1:10, 겔10:12)] 앞뒤에 **눈이 가득**[하나님의 불꽃같은 눈빛(소망)이 가득]하더라

4:7 그 첫째 생물은 **사자**[용맹] 같고 그 둘째 생물은 **송아지**[희생, 끈기, 충성] 같고 그 세째 생물은 **얼굴이 사람**[동족애, 지혜] 같고 그 네째 생물은 **날아가는 독수리**[높은 이상과 소망] 같은데

4:8 **네 생물이 각각 여섯 날개가 있고**[네 생물과 스랍이 합쳐있는 존재(사6:2), 강력한 지도력을 발휘하는 존재(겔1:1~18)] 그 안과 주위에 **눈이 가득**[하나님의 불꽃같은 눈빛(소망)이 가득]하더라 그들이 밤낮 쉬지 않고 이르기를 **거룩하다 거룩하다 거룩하다**[하나님의 계획을 완성하기 위해서 오심] 주 하나님 곧 전능하신 이여 전에도 계셨고 이제도 계시

고 **장차 오실 자**[하나님의 뜻을 성취할 자]라 하고

4:9 그 생물들이 영광과 존귀와 감사를[모든 피조물의 존재 이유: 하나님께 영광과 존귀와 감사를 올리는 것] 보좌에 앉으사 **세세토록 사시는 이**[하늘부모]에게 돌릴 때에

4:10 이십사 장로들이 보좌에 앉으신 이 앞에 엎드려 **세세토록 사시는 이**[하늘부모, 천지인참부모]에게 경배하고 **자기의 면류관을 보좌 앞에 던지며**[삶을 통하여 성취한 모든 것을 하늘부모와 천지인참부모를 위하여 바침] 가로되

4:11 우리 주 하나님이여 영광과 존귀와 능력을 받으시는 것이 합당하오니[하나님만이 모든 피조물의 주관주요, 만물의 사랑의 주인이시므로, 일생을 통하여, 하나님께 영광과 존귀와 능력을 돌려드려야!] 주께서 만물을 지으신지라 만물이 주의 뜻대로 있었고 또 지으심을 받았나이다 하더라

일곱 인(印)으로 봉한 두루마리와 어린 양

- 일곱 인봉: 일곱 인으로 봉한 책과 일곱 인을 떼실 어린 양 등장
- 재창조 섭리는 재림주를 통한 일곱 인을 떼면서 시작

5:1 　내가 보매 **보좌에 앉으신 이**[심판주 되신 하나님]의 **오른 손**[(하나님의) 권위, 능력]에 **책이 있으니**[타락한 인간을 구원하기 위한 재창조 말씀] 안팎으로 썼고 **일곱 인으로 봉하였더라**[재림주를 통해서 이룰 하나님의 심판과 구원 계획]

5:2 　또 보매 **힘 있는 천사**["하나님은 나의 힘"(가브리엘)]가 큰 음성으로 외치기를 누가 책을 펴며 그 인을 떼기에 합당하냐 하니

5:3 　하늘 위에나 땅 위에나 땅 아래에 능히 그 책을 펴거나 보거나 할 이가 없더라

5:4 이 책[인류를 구원할 하나님의 말씀]을 **펴거나 보거나 하기** [(구원계획에 대한) 구체적인 성취]에 합당한 자가 보이지 않기로 **내가 크게 울었더니**[요한의 주님에 대한 간절한 염원]

5:5 장로 중에 하나가 내게 말하되 울지 말라 유대 지파의 사자 **다윗의 뿌리**[하나님이 근원되시는 재림주]가 이기었으니 **이 책과 그 일곱 인을 떼시리라**[(재림주가) 영적, 육적으로 승리하여 하나님의 구원 계획을 성취하실 것이다] 하더라

5:6 내가 또 보니 보좌와 네 생물과 장로들 사이에 **어린 양**[재림주]이 섰는데 일찍 **죽임을 당한 것**[혹독한 핍박과 고난을 당함(실제 6번 감옥 가심)] 같더라 **35일곱 뿔**[그리스도는 완전한 힘을 가짐]과 **36일곱 눈이 있으니**[하나님의 눈 되신 분(완전한 통찰력)] 이 눈은 온 땅에 보내심을 입은 하나님의 **일곱 영이더라**[완전하고 영원하고 초월적인 힘]

---

35 7수는 창조 이후에 안식을 취하신 절대적인 완성수이고, 뿔은 권세와 권한을 상징한다(시75:10, 단7:24).

36 마태복음 6장 22절에 "눈은 몸의 등불이니 그러므로 네 눈이 성하면 온 몸이 밝을 것이요"라고 하였다. 그리고 "눈은 온 땅에 보내심을 입은 하나님의 일곱 영이더라"(계5:1)고 했다. 따라서 하나님의 보내심을 받은 그리스도는 하나님의 눈 되신 분이요, 온 세상의 등불 되신 분이다.

5:7 어린 양[재림주]이 나아와서 **보좌에 앉으신 이**[하나님]의 **오른손에서**[권위와 권능을 가지고] **책**[인류구원의 인(말씀)]을 취하시니라

5:8 책을 취하시매 **네 생물**[피조물의 대표]과 이십 사 장로들이 **어린 양**[재림주] 앞에 엎드려 각각 **거문고**[천상의 찬미소리]와 **향이 가득한 금 대접을 가졌으니**[[(히브리인들: 기도할 때 향을 피움), 금 대접: 주님 상징, 이 정성으로 대접 재앙(16장)을 내림] 이 향은 성도의 기도들이라

5:9 **새 노래를 노래**[성약의 새말씀(요16:12, 요16:25, 계10:11)]하여 가로되 책을 가지시고 그 **인봉을 떼기에**[하나님의 섭리(계획)를 성취하기에] 합당하시도다 **일찍 죽임을 당하사**[재림주님은 희생 제물의 탕감길을 가심] 각 족속과 방언과 백성과 나라 가운데서 **사람들을 피로**[축복가정의 희생과 탕감을] 사서 하나님께 드리시고

5:10 **저희로**[초대교인, 축복가정] 우리 하나님 앞에서 **나라와 제사장을**[나라를 책임질 제사장으로] 삼으셨으니 **저희가 땅에서 왕노릇하리로다**[축복가정이 세상 사람들을 하나님께

인도할 사랑의 주인이 된다] 하더라

5:11 내가 또 보고 들으매 보좌와 생물들과 장로들을 둘러 선 **많은 천사**[원래의 천사와 복귀된 수많은 천사]의 음성이 있으니 **그 수가 만만이요 천천이라**[악영과 이를 지배하는 사탄들이 복귀되면 악영은 선영이 되고 사탄은 천사가 됨]

5:12 큰 음성으로 가로되 죽임을 당하신 어린 양이 [37]**능력과 부와 지혜와 힘과 존귀와 영광과 찬송**을 받으시기에 합당하도다 하더라

5:13 내가 또 들으니 하늘 위에와 땅 위에와 땅 아래와 바다 위에와 또 그 가운데 모든 만물이 가로되 보좌에 앉으신 이와 어린 양에게 **찬송과 존귀와 영광과 능력**[피조만물이 하나님과 재림주께 천상과 지상에서 찬양하는 네 가지]을 세세토록 돌릴찌어다 하니

5:14 네 생물이 가로되 아멘 하고 장로들은 엎드려 경배하더라

---

37 재림주를 하늘의 영적 존재들(선영과 천사)이 찬양하는 일곱 가지

일곱 봉인에 담긴 심판

- 봉인된 일곱 인(印)의 비밀
- [38]일곱 인(印): 재림주 등장과 함께 등장하는 재림주가 해결해야 할 하늘의 일곱 가지 비밀

6:1 내가 보매 어린 양이 일곱 인 중에 하나를 떼시는 그 때에 내가 들으니 네 생물 중에 하나가 우뢰소리 같 이 말하되 오라 하기로

---

38 1. 흰 말(계6:2): 재림주, 기독교, 복음주의 운동
　　 2. 붉은 말(계6:4): 멸망당할 자(렘4:30), 하늘 대적(계12:3) 공산주의
　　 3. 검은 말(계6:5): 인본주의, 자본주의, 굶주림(애5:10, 암5:11)
　　 4. 청황색 말(계6:8): 이슬람, 혼합주의(청·홍·백색), 나치, 제국주의
　　 5. 순교자 신원(계6:10): 순교자들의 원한 해원
　　 6. 천재지변(계6:12~14): 큰 지진, 하늘의 별들이 떨어지고 산과 섬 이 옮겨짐
　　 7. 일곱 나팔 예고(豫告): 진노의 큰 날이 이러렀으니(계6:17)

6:2 내가 이에 보니 **39**흰 말이 있는데 그 탄 자[예수님]가

40활을 가졌고[그리스도 군대, 화목의 말씀, 말씀의 검] 면류

관[미래의 승리를 확증(영광의 면류관)]을 받고 나가서 이기

고 또 이기려고[기독교의 복음운동, 싸워서 승리(계17:14, 계

19:15)] 하더라

6:3 둘째 인을 떼실 때에 내가 들으니 둘째 생물이 말하

되 오라 하더니

6:4 이에 **41**붉은 다른 말[공산주의 사상(적그리스도)]이 나오더

39 먼저 '네 말'(계6:2~8)의 의미이다. 스가랴 1장 8~10절에는 이 네 말(馬)들
이 '여호와께서 땅에 두루 다니라고 보내신 자들' 즉, 선지자라고 했고, 스
가랴 6장 1~5절에서는 네 말을 '하늘의 네 바람'이라 했다. 그리고 예레미
야 5장 13절에서 선지자를 '바람'이라고 한 것으로 보아, 말(馬)은 선지자
를 뜻하고, 네 바람은 그들의 네 사상(思想)을 의미한 것임을 알 수 있다.
그리고 흰 말을 탄 자는 요한계시록 19장 11~16절을 통하여 그는 '만왕
의 왕이요, 만주의 주'임을 알 수 있다. 그런데 6장 2절의 '흰 말 탄 자'는
19장 11절에 나오는 백마와 그 탄 자와는 의미가 다르다. 19장에 나오는
말과 그 탄 자는 재림하시는 주님이고, 6장 2절의 흰 말과 그 탄 자는 예
수님을 가리킨다. 그러나 오신 뜻과 목적이 같기 때문에, 같은 '흰 말(백
마)과 그 탄 자'로 비유한 것이다.
40 선한 싸움을 위한 전쟁 무기(시46:9), 그리스도의 군대(딤후2:3~4), 화목·
평화의 말씀(고후5:18~20), 말씀의 검(계19:15)
41 성경을 살펴보면, 붉은색은 '멸망당할 자'를 표시하고(렘4:30) '죄악'을 나
타낸다(사1:18). 그리고 요한계시록 12장 3절에 붉은 용이 나오고, 4절에
서 하늘의 별을 끌어다 땅에 던져지는 용으로 표현된다. 따라서 붉은색
은 죄악과 거짓을 상징하며 붉은 말을 탄 자는 하늘에 대적하는 멸망당

라 그 탄 자가 **허락을 받아**[재림주 등장에 따른 사탄역사(조건적 허락)] 땅에서 화평을 제하여 버리며 서로 죽이게 하고 또 **큰 칼**[공산주의 이론(변증법적 유물론, 무신론)]을 받았더라

6:5 세째 인을 떼실 때에 내가 들으니 세째 생물이 말하되 오라 하기로 내가 보니 [42]**검은 말**[인본주의(영적 고갈)]

할 자이다. 그런데 인류 역사상 '신은 없다'고 하여 기독교를 가장 철저하게 핍박한 사상을 가진 적그리스도는 공산주의밖에 없다. 따라서 '붉은 말 탄 자'는 마르크스의 무신론에 의한 공산주의 사상이다.

42 예레미야애가 5장 10절에 검은색을 '주림의 열기'라 하였다. 그런데 아모스 8장 11절에 "주 여호와께서 가라사대 보라 날이 이를지라 내가 기근을 땅에 보내리니 양식 없어 주림이 아니며 물이 없어 갈함이 아니요 여호와의 말씀을 듣지 못한 기갈이라"고 했듯이 여기에서의 '주림'은 육신의 주림이 아니라, 영혼의 주림이요, 영적인 고갈인 것이다. 즉 인류는 하나님을 부정하는 공산주의 등장과 더불어 영혼의 양식을 먹지 못하고 물질화되어서 사상적으로나, 정신적으로 빈곤하게 된다는 것을 예언한 것이다. 실제로 14세기부터 16세기 사이에, *아벨형의 히브리사상(Hebraism)을 지도 정신으로 하는 신본주의의 사상에 맞서, *가인형의 헬라사상(Hellenism) 복구 운동이 일어나면서, 신이 아닌 인간중심의 인본주의를 주도이념으로 한 문예부흥(Renaissance)이 일어나게 된다. 그리고 헬라사상(인본주의)이 히브리사상(신본주의)을 지배하는 입장에 서게 되는 것으로 보아 '검은 말과 그 탄 자'는 바로 인본주의를 뜻하는 것으로 볼 수 있다.

* 아벨형의 히브리사상(Hebraism): 구약성경을 근원으로 하는 헤브라이즘은 유일신을 중심으로 하는 신본주의적 관점을 가졌다. 절대적 도덕성을 지닌 신과 인간에 대한 신의 계시와 그 신앙을 바탕으로 하고 있으며, 신이 우주와 인간을 창조한 세계관, 신의 계시를 통한 인간의 윤리적, 사회적 규범을 제시 및 신에 대한 절대적 복종은 헤브라이즘의 중요

이 나오는데 그 탄 자가 ⁴³손에 저울[주님과 적그리스도

사이(자본주의, 인본주의)]을 가졌더라

6:6   내가 네 생물 사이로서 나는 듯 하는 음성을 들으니

가로되 ⁴⁴한 데나리온[노동자의 하루 품값]에 밀 한 되요

한 데나리온에 보리 석되로다 또 **감람유와 포도주는**

해치 말라[하나님을 중심삼고 양심에 절대로 복종하는 불변의

신앙을 가진 성도는 사탄이 참소(지배) 못함] 하더라

6:7   네째 인을 떼실 때에 내가 네째 생물의 음성을 들으

니 가로되 오라 하기로

6:8   내가 보매 ⁴⁵청황색 말이 나오는데[라오디게아 교회, 하나

한 특징이다.

* 가인형의 헬라사상(Hellenism): 유일신이 아닌 다신교를 숭배하던 고
대 그리스 문화에서 유래하여 알렉산더 대왕 때 페르시아를 정복, 오리
엔트 문화를 흡수하여 신에의 귀의와 종교적인 헌신을 부정하고, 신과
영혼 같은 정신보다는 자연이나 물질을 근본으로 하고 있다. 근세에 이
르러, 연역법에 의한 이성론과 귀납법에 의한 경험론을 앞세워 나온 공
산주의 사상(유물론)은 이 헬레니즘에 뿌리를 두고 있다.

43 잡다한 사상에서 비교 우위를 취하는 합리적 수단

44 사탄의 물질(몸)에 의한 인간 지배: 하나님은 양심(심정, 참사랑)으로 인
간을 주관하고 사탄은 사심(몸, 물질)으로 인간을 지배한다.

45 청황색 말은 글자 그대로 앞서 나온 세 사상들을 혼합해서 만든 사상이

님의 존재를 무시하는 많은 사상(이슬람원리주의)] 그 탄 자의 이름은 사망이니 **음부**[사탄(음란)]가 그 뒤를 따르더라 저희가 **땅 사분 일의 권세**[중동과 일부 지역에서 이루어짐] 를 얻어 검과 흉년과 사망과 **땅의 짐승**[거짓 원리나 논리, 무자비]으로써 죽이더라

6:9 다섯째 인을 떼실 때에 내가 보니 하나님의 말씀과 **저희의 가진 증거**[주님의 말씀대로 산 삶의 실적]를 인하여 **죽임을 당한 영혼들**[초림 후 재림주가 올 때까지 순교당한 영 혼들]이 **제단 아래 있어**[제물로 드려짐]

6:10 큰 소리로 불러 가로되 거룩하고 참되신 대주재여 **땅 에 거하는 자들**[하나님을 거부하고 핍박하는 자들]을 심판 하여 **46우리 피를 신원(伸冤)하여**[순교자들의 맺힌 원한을

다. 한 손에는 기독교(흰 말과 그 탄 자) 경전인 구약에다가 다른 경전들 을 혼합하여 만든 코란을, 다른 한 손에는 공산주의(붉은 말과 그 탄자) 의 폭력적 투쟁방법인 칼을 들고, 다른 한편으로는 물질(붉은 말과 혹은 검은 말과 그 탄 자, 산유국으로서의 경제적 부)을 최대한 활용하여 그들 의 사상을 전파하고 있는 이슬람 사상이다.

46 천상에 있는 영혼들은 재림주님이 오실 때 지상의 성도와 상대기준을 조 성하여 재림 부활할 수 있고, 재림주님을 중심삼고 3대축복의 세계가 이 루어진 후에야(마18:18) 지상과 동일한 혜택(고전15:22~23)을 받아 천상 천국에 들어갈 수 있게 된다.

풀어] 주지 아니하시기를 어느 때까지 하시려나이까
하니

6:11 각각 저희에게 **흰 두루마기를 주시며**[재림주로부터 축복
받은 자들에게 말씀의 능력을 주시며] 가라사대 아직 잠시
동안 쉬되 **저희 동무 종들과 형제들**[재림주로부터 축복받
은 축복가정과 그를 따르는 성도들]도 **자기처럼 죽임을 받아**
[예수님처럼 탕감을 받아] **그 수가 차기까지 하라**[하늘 편 지
상성도들의 희생과 정성이 필요] 하시더라

6:12 내가 보니 **⁴⁷여섯째 인**을 떼실 때에 큰 **지진**[사회의 큰

---

47 계시록 6장 12~17절과 계시록 8장 10절에 기록된 주님이 재림하실 때의
징조는 "그 날 환난 후에 즉시 해가 어두워지며 달이 빛을 내지 아니하며
별들이 하늘에서 떨어지며 하늘의 권능들이 흔들리리라"와 같이 마태복
음 24장 29~30절에도 나와 있다. 그런데 하나님이 당신이 창조하신 해와
달과 별들을 재림주가 오신다고 하여 멸망케 할 리가 없다. 따라서 끝날
의 이러한 징조는 마태복음 13장 34절에 "예수께서 이 모든 것을 비유로
말씀하시고 비유가 아니면 아무것도 말씀하시지 아니하셨으니"라고 하
신 것처럼 이 말씀도 비유로 하신 말씀으로 볼 수밖에 없다. 그런데 시편
84장 11절에서 "여호와 하나님을 해요, 방패이시다"라고 했고, 창세기 37
장 9절에서는 '해는 아버지, 달은 어머니, 별은 형제'를 뜻하는 것으로 보
아 '해와 달이 어두어지고 별들이 떨어진다'는 것은 세상에 어둠의 빛(요
12:46, 12:36, 3:19, 1:7)으로 오신 주님의 섭리 앞에 환난과 핍박이 가해지
므로, 해와 달이 구름에 가려지듯이 일시적으로 어두워진다는 것을 의미
한다. 실제로 1848년 '공산당 선언' 이후 1917년 볼셰비키 혁명으로 러시
아가 공산화된 이후 기독교는 무참히 가해지는 핍박을 받았고 하늘의 권

혼란]이 나며 **해가 총담 같이 검어지고**[주님(해)의 가르침이, 검은 털로 짠 상복같이, 속절없이 무너짐] **온 달이 피 같이 되며**[성신(달, 성령)의 은혜가 사라짐]

6:13 **하늘의 별들**[재림주를 반대하는 기독교인들(하늘의 별)]**이 무화과나무가 대풍에 흔들려 설익은 과실**[예수님의 본질(사랑)을 모르는 기독교인들 비유]**이 떨어지는것 같이 땅에 떨어지며**[사탄세계로 흡수됨]

6:14 **하늘**[하나님]**은 종이 축이 말리는것 같이 떠나가고**[마치 펼쳤던 두루마리가 말리듯이, (기독교를 위하여 하나님이 준비한 것들을) 그들로부터 거두시고] **각 산과 섬이 제 자리에서 옮기우매**

6:15 **땅의 임금들과 왕족들과 장군들과 부자들과 강한 자**

능들이 여지없이 흔들리는 천변지이를 겪었다. 특히 러시아정교회가 국교였던 러시아에서는 22,000개의 교회가 폐쇄되고, 25,000명의 성직자가 희생되었으며 71년 동안 1억 5천만 명의 성도들이 희생되었다. 중국에서도 1966년부터 1976년까지 약 10년간 공산당의 문화대혁명이라는 이름으로 수천 명의 성직자와 지식층을 중심으로 수천만의 양민이 학살되었다. 그야말로 계시록 6장 12절의 기록처럼 해가 총담같이 검어지고 달이 빛을 내지 아니하고 별들이 떨어지며 하늘의 권능들이 흔들리는 대천변지이가 일어났다.

들과 각 종과 자유인이 **굴과 산 바위틈에 숨어**[거짓 기독교 목자들과 하나 되어(모두)비겁하게 숨어 회개하지 않음]

6:16 **산과 바위에게**[죄악의 피난처(창14:10, 마24:16, 눅23:30, 계 16:20)] 이르되 **우리 위에 떨어져**[우리(숨은 기독교인들) 위에서] **보좌에 앉으신 이**[우주적이고 초월적인 하나님]의 얼굴에서와 **어린 양의 진노**[재림주님의 말씀의 위력]에서 **우리를 가리우라**[우리(기독교인들)의 잘못을 가릴(숨길) 수가 없다]

6:17 그들의 **진노의 큰 날**[마지막 재앙(일곱째 인)에 대한 언급]이 이르렀으니 누가 능히 서리요 하더라

살아계신 하나님의 인(印)과 14만 4천 무리

- 땅에서 일곱 인(6장)→하늘에서 인(印) 받은 자 14만 4천 무리가 나옴
- 재림주와 함께 재창조를 이룰 흰옷 입은 인(印) 받은 14만 4천 무리(죽복가정)

7:1 이 일 후에 내가 네 천사가 땅 네 모퉁이에 선 것을 보니 **땅의 사방의 바람을 붙잡아**[재림주가 종교일치운동을 통하여 각종 사상을 정립함] 바람으로 하여금 땅에나 바다에나 각종 나무에 불지 못하게 하더라

7:2 또 보매 **다른 천사가**[재림주를 천사로 묘사] 살아계신 하나님의 인을 가지고 **해 돋는 데**[동방(극동 3국 중 조선)]로부터 올라와서 땅과 바다를 해롭게 할 권세를 얻은 네 천사를 향하여 큰 소리로 외쳐

7:3 가로되 우리가 **우리 하나님의 종들**[하나님이 2천년간 준비

한 기독교인들]의 **이마에 인치기까지**[재림주의 말씀과 하나 될 때까지] 땅이나 바다나 나무나 해하지 말라 하더라

7:4 내가 **⁴⁸인맞은 자의 수**[혼인 잔치에 참여하여 주님의 생명수를 받은 자의 수]를 들으니 이스라엘 자손의 각 지파 중에서 인맞은 자들이 **⁴⁹십 사만 사천**이니

각 나라에서 온 무리

7:5 유다 지파 중에 인맞은 자가 일만 이천이요 르우벤 지파 중에 일만 이천이요 갓 지파 중에 일만 이천이요

---

48 계시록 7장 13~14절에서 '인맞은 자'들은 하나님이 백성으로서 큰 환난(핍박)에서 승리하고 나온 자들이요, "어린 양의 피에 그 옷(죄의 옷)을 씻어 희게 한 자들"이라고 했다. 이들이 어린 양의 피에 그 옷을 씻어 희게 했다는 것은 곧 죄사함을 입어 원죄를 씻고 축복을 받았다는 뜻이므로 결국 '인맞은 자'라는 것은 어린 양의 혼인 잔치에 참여하여 주님의 영원한 생명수를 받는 자(계14:1~4, 19:7~9, 22:17)인 것이다.

49 14만 4천을 12지파에서 각각 1만 2천을 택하신 것은 다음과 같은 수리적인 의미를 내포하고 있다. 12수는 하늘 수 3과 땅 수 4를 곱한 '완전수'를 의미한다. 이 12의 제곱 144에다 1,000을 곱한 수가 14만 4천이다. 1,000이란 수는 전도서 7장 28절 "내 마음에 찾아도 아직 얻지 못한 것이 이것이라 일천 남자 중에서 하나를 얻었거니와 일천 여인 중에서는 하나도 얻지 못하였느니라"에 나타나 있듯이 모든 수의 대표수이다. 그러므로 14만 4천이란 숫자는 하나님의 뜻을 이루는 데 절대 필요한 세상을 대표한 절대수를 의미한다. 즉 재림시대에 주와 더불어 하나님 나라를 이루는 데 절대 필요한 수로 보아야 한다.

7:6 아셀 지파 중에 일만 이천이요 납달리 지파 중에 일만 이천이요 므낫세 지파 중에 일만 이천이요

7:7 시므온 지파 중에 일만 이천이요 레위 지파 중에 일만 이천이요 잇사갈 지파 중에 일만 이천이요

7:8 스불론 지파 중에 일만 이천이요 요셉 지파 중에 일만 이천이요 베냐민 지파 중에 인맞은 자가 일만 이천이라

7:9 **이 일 후에**[14만 4천무리를 찾은 후에] 내가 보니 각 나라와 족속과 백성과 방언에서 아무라도 능히 **셀 수 없는 큰 무리**[큰 민족, 아브라함에 하신 하나님의 약속(창13:16)]가 **50힌 옷**[성결된 예복]을 입고 손에 **종려 가지를 들고**[의인의 번성을 의미(시92:12, 아7:6~8)] 보좌 앞과 어린 양 앞에 서서

---

50 흰옷은 더럽혀지지 않은 자가 입은 성결된 예복, 어린양의 혼인 잔치에서 그 아내가 예의와 정성을 들여서 입는 옷(계19:8)이다. 따라서 흰 옷을 입은 큰 무리는 믿음의 승리자로 신랑 되시는 어린양(마25:1~13) 앞에 옳은 행실의 예복을 입고 종려나무(계7:9) 가지를 들고 서 있는 것이다.

7:10 큰 소리로 외쳐 가로되 구원하심이 보좌에 앉으신 우리 하나님과 어린 양에게 있도다 하니

7:11 모든 천사가 보좌와 장로들과 네 생물의 주위에 섰다가 보좌 앞에 엎드려 얼굴을 대고 하나님께 경배하여

7:12 가로되 아멘 찬송과 영광과 지혜와 감사와 존귀와 능력과 힘이 우리 하나님께 세세토록 있을찌로다 아멘 하더라

7:13 장로 중에 하나가 응답하여 내게 이르되 **이 흰옷 입은 자들**[큰 환난에서 이긴 자(계14:1~3), 14만 4천 무리]이 누구며 또 어디서 왔느뇨

7:14 내가 가로되 내 주여 당신이 알리이다 하니 그가 나더러 이르되 이는 **큰 환난**[온갖 핍박, 탕감]에서 나오는 자들인데 **어린 양의 피에**[어린 양의 피(6장 이후): 재림주 참사랑의 말씀과 생애] 그 옷을 **씻어 희게**[어린 양 잔치(계19:9)를 통하여 축복받고 원죄 청산(계19:13)] 하였느니라

7:15 그러므로 그들이 하나님의 보좌 앞에 있고 또 그의 **성전에서 밤낮 하나님을 섬기매**[직접주관권(계22:3, 21:3): 하나님을 직접 섬기는 것은 제사장의 특권] 보좌에 앉으신 이 가 그들 위에 장막을 치시리니[하나님이 함께 하심(출 40:34), 참장막은 축복가정의 삶(계21장, 22장)]

7:16 저희가 다시 **주리지도 아니하며 목마르지도 아니하고** [새 출애굽, 바벨론에서 포로 귀환을 해서 가나안 땅으로 오게 된 말씀(사49:10)] 해나 아무 뜨거운 기운에 상하지 아니할 찌니

7:17 이는 보좌 가운데 계신 어린 양이 저희의 목자가 되 사 샘으로 인도하시고 하나님께서 저희 눈에서 모든 눈물을 씻어 주실 것임이러라

일곱째 봉인과 금 향로

> – 첫째 천사의 나팔부터 넷째 천사의 나팔까지
> – 8장과 9장은 재림주와 사탄 간의 전쟁 가운데 일어나는 세계적 현상

8:1 일곱째 인을 떼실 때에 하늘이 반시 동안쯤 고요하더니[하나님의 백성들의 회개와 기도를 기다리시는 하나님의 자비로운 모습]

8:2 내가 보매 하나님 앞에 시위한 일곱 천사가 있어 [51]일곱 나팔[행동과 진군의 신호]을 받았더라

8:3 또 다른 천사가 와서 제단 곁에 서서 금 향로를 가지고 많은 향을 받았으니 이는 모든 성도의 기도들과 합

---

51 나팔은 행동의 신호(출19:16, 20:18), 혹은 군사들의 진군 신호(수6:4~8, 민10:9)로 사용되었다. 이 예고의 나팔은 끝날에 성도들의 행동의 결단과 사탄과의 싸움에서 진군하는 의미를 담고 있다.

하여[14만 4천의 인 맞은 자의 수가 결정되어(계7:4) 하나님군의 진군과 심판이 시작됨] 보좌 앞 금단에 드리고자 함이라

8:4 향연이 **성도의 기도와 함께**[하나님의 뜻과 계획의 성취를 위해서는 인간의 정성, 책임분담이 필요] 천사의 손으로부터 하나님 앞으로 올라가는지라

8:5 천사가 향로를 가지고 단 위의 불을 **담아다가**[하나님의 진노의 시작] 땅에 쏟으매 [52]**뇌성과 음성**[죄악의 세상: 패악과 응징, 주의 백성: 영광과 구원]과 [53]**번개와 지진**[하나님의 영광과 능력, 응징과 심판]이 나더라

---

52 뇌성은 사무엘하 22장 14절에 "여호와께서 하늘에서 뇌성을 발하시며 지존하신 자가 음성을 내심이여"라고 했듯이 뇌성은 곧 하나님의 음성을 상징한다(출20:18~19, 시편 104:7). 그래서 출애굽기 9장 23~28절이나 사무엘상 7장 10절에서는 뇌성은 이 죄악의 세상에는 패망과 응징으로, 주의 백성에게는 구원과 승리를 가져오는 하나님의 응답으로 표현되고 있다.

53 번개는 하나님의 영광과 능력을 나타내며(출19:16~17, 삼하22:14~15, 겔1:13~14), 지진은 하나님의 현현(출19:18, 왕상19:11~12)과 심판과 진노를 상징한다. 따라서 "불을 담아다가 땅에 쏟으니 뇌성과 음성과 번개와 지진이 난다"는 이 구절은 끝날에 하나님의 음성과 함께 주님이 영광과 능력 가운데 절대자의 실체로 이 땅위에 현현하시면서 하늘 편과 사탄 편의 대접전이 예고되고 하나님의 응징과 심판이 시작된다는 뜻이다.

나팔 소리

8:6 일곱 나팔 가진 일곱 천사가 나팔 불기를 예비하더라

8:7 첫째 **천사가 나팔을 부니**[적그리스도(공산주의)의 출현에 대한 하늘편 군대의 진군] [54]**피 섞인 우박과 불**[사탄의 대역사: 사탄의 궤변(사14:12~13)]이 나서 땅에 쏟아지매 **땅의 삼분의 일이 타서 사위고**[생리적인 죽음이 아니라(암8:11~12), 사탄의 거짓 이론에 의해 영성이 고갈됨을 의미] [55]**수목의 삼분의 일도 타서 사위고**[공산주의의 사술이 파급되어 인간의 영혼이 붉게 물들고 병들게 된다는 뜻(사40:6~8)] 각종 푸른 풀도 타서 사위더라

---

54 우박은 인간을 하나님께로 돌아오게 하려는 재앙이자 형벌의 표현이다 (출9:13~34, 시78:47, 105:32). 그러나 여기에서의 피 섞인 우박은 사탄이 하나님의 뜻이 이루어지는 것을 시기하고 두려워하여 마지막 총공세를 가해오는 사탄의 대역사를 의미한다(사14:12~13). 따라서 여기에서의 피 섞인 우박과 불은 사탄에게 돌아가게 하는 사술이자 허구요 궤변이자 인간의 영혼을 말라 떨어지게 하는 허구인 바, 이것은 무신론에 입각한 피의 혁명을 주장하여 하나님께 대적케 하는 공산주의의 출현을 예시한 것이다.

55 예레미야 5장 14절이나 이사야 40장 6~7절에는 백성을 풀과 나무에 비유하였다(마3:10, 사5:1~3). 그리고 야고보서 3장 6절에 '혀는 곧 불'이라고 했고, 이사야 11장 4절에는 "그 입의 막대기(혀)로 세상을 치며 입술의 기운(말씀)으로 악인을 죽이리라"라고 기록되어 있다.

8:8 둘째 천사가 나팔을 부니 **불붙는 큰 산과 같은 것이**[사탄편 멸망의 산(렘51:25): 바벨론(적그리스도)↔여호와 전의 산(사2:2): 이스라엘] **바다에 던지우매**[바다: 악의 세력의 거처, 불순종한 죄악 세상(단7:3, 계21:1)] **바다의 삼분의 일이 피가 되고**[세계의 삼분의 일이 공산화 됨(인류의 삼분의 일이 영적인 죽임을 당함)]

8:9 바다 가운데 생명 가진 **피조물들의**[인류] **삼분의 일이 죽고**[영적인 죽음] **배들의 삼분의 일이 깨어지더라**[배: 방주(교회), 1917년 공산혁명 이후 세계의 삼분의 일의 교회가 박해받고 성도가 죽임을 당함]

8:10 세째 천사가 나팔을 부니 **햇불**[지도자(슥12:6)] 같이 타는 **큰 별**[적 그리스도(스탈린)(계9:1)]이 하늘에서 떨어져 [56]**강들**[평강, 생명의 원천, 성령]의 삼분의 일과 여러 [57]**물샘**

---

56 이사야 66장 12절에 평강을 강으로, 시편 36편 8~9절에는 복락의 강수를 생명의 원천으로, 요한복음 7장 38~39절에서의 생수의 강은 성령을 말한다.

57 잠언 13장 14절에서 지혜 있는 자의 교훈을 생명의 샘이라고 했고, 14장 27절에서는 여호와를 경외하는 것을 생명의 샘이라고 했다. 그리고 스가랴 13장 1절에서는 "그 날에 죄와 더러움을 씻는 샘이 다윗의 족속과 예루살렘의 거민을 위하여 열리리라"(사49:10, 잠10:11)고도 하였다. 따라서 물샘은 지혜 있는 자의 교훈이 있는 곳으로 여호와를 경외하

에 떨어지니[공산주의 이론이 기독교와 교회에 영향을 미침]

8:11 이 별 이름은 ⁵⁸**쑥이라**[고초와 재난이 되는 저주의 말] 물들의 삼분의 일이 쑥이 되매 그 물들이 쓰게 됨을 인하여 **많은 사람이 죽더라**[많은 사람들이 적 그리스도를 따르고 추종함]

8:12 네째 천사가 나팔을 부니 ⁵⁹**해**[참아버지(사9:6)] 삼분의 일과 **달**[참어머니(성신)] 삼분의 일과 **별들**[성도, 하늘 군대(단8:10)]의 삼분의 일이 **침을 받아**[주님과 성신과 성도들이 박해를 받음(마24:29)] 그 **삼분의 일이 어두워지니**[적그리스도(공산주의)에 의해 많은 나라들의 체제가 무너짐] 낮 삼분의 일은 비췸이 없고 밤도 그러하더라

고 죄의 더러움을 씻는 곳이므로 크게 보면 기독교요, 작게 보면 교회인 것이다.

58 신명기 29장 18~19절에서 독초와 쑥의 뿌리는 하나님을 떠나는 저주의 말로 표현되어 있다. 또 예레미야 애가 3장 19절에서도 "내 고초와 재난 곧 쑥과 담즙을 기억하소서"라고 하였다. 따라서 쑥은 고초와 재난이 되는 저주의 말이다.

59 해는 이사야 61장 2절에서 여호와의 은혜의 해로, 누가복음 4장 19절에서도 주의 은혜의 해로 비유되어 있다. 또한 창세기 37장 9절에서는 아버지는 해, 어머니는 달, 별들은 형제로 비유하였다. 시편 84편 11절에서는 여호와 하나님은 해요 방패라고 하였다. 따라서 여기서 해는 참아버지(재림주, 사9:6), 달은 참어머니(성신), 별들은 성도들을 가리킨다.

8:13 내가 또 보고 들으니 공중에 **⁶⁰날아가는 독수리가**[독
수리: 살육과 주검(세계대전 예시)] 큰 소리로 이르되 땅에
거하는 자들에게 **⁶¹화, 화, 화가 있으리로다**[세 차례의 큰
화(1, 2차 세계대전, 적그리스와의 사상적 싸움)] 이 외에도 세
천사의 불 나팔소리를 인함이로다 하더라

---

60 욥기 39장 26~30절에, 살육당한 자 있는 곳에는 그것(독수리)도 있다고
했고, 마태복음 24장 28절에도 주검이 있는 곳에는 독수리들이 모인다
고 했듯이, 독수리는 살육과 주검의 상징으로 묘사되어 있다. 따라서 이
구절은 땅 위에 살육과 주검이 3차례에 걸쳐 크게 일어날 것을 예시한
것이다.

61 첫째 화는 제1차 세계대전(1914.4.28~1918.11.11)을 계기로 한 공산주의
의 도전이다. 8장에 이어 9장(1~12절)에서 넷째 나팔 후에 나오는 불붙는
산(러시아의 공산화), 다섯째 나팔과 더불어 땅에 떨어진, 하늘 별, 스탈
린이 전갈의 권세를 받아 다섯 달 동안 괴롭히는 대전쟁이 그것이다.
둘째 화(계9:13, 11:3)는 1939년 9월 1일부터 1945년 8월 15일까지 계속
된 미국·영국·프랑스와 독일·일본·이탈리아 사이에 벌어진 제2차 세계대
전이다. 이것은 재림주님이 오시기 전의 대환난(마24:29~30)인 것이다.
셋째 화는 이른바 아마겟돈 전쟁(계16:16)으로 마지막 재앙을 말한다(계
15:1). 아마겟돈은 히브리어인 '하로마깃돈(Haromagiddon)'으로, 하나
님과 사탄의 마지막 결전이 벌어져 악의 세력이 패배하고 하늘이 승리하
게 된다는 것이다.

천사의 나팔소리와 무저갱의 황충

- 다섯째 천사의 나팔과 여섯째 천사의 나팔

9:1 **다섯째 천사가 나팔을 불매**[사상재앙, 공산당의 출현(1910년)에 대한 하늘편 군대의 진군] 내가 보니 [62]**하늘에서 땅에 떨어진 별**[천사장 누시엘(사14:12, 유1:6~7), 가룟유다(요13:2), 세례요한(마11:11), 스탈린, 김일성 등] **하나가 있는데 저가 무저갱의 열쇠를 받았더라**[아벨이 책임을 못하면 사탄은 하나님이 허락한 범위 안에서 권세를 받음(계20:3)]

---

[62] 이사야 14장 12절에 천사장 누시엘을 가리켜, "너 아침의 아들 계명성이여 어찌 그리 하늘에서 떨어졌으며 너 열국을 엎은 자여 어찌 그리 땅에 찍혔는고"라고 했듯이, 하늘의 소명을 받은 자가 배신하여 실족함으로 본분을 잃게 되었을 때, 그를 가리켜 '떨어진 별'이라고 했다. 목자를 꿈꾸며 신학을 공부했던 스탈린이 하늘의 소명을 저버리고 유물론이라는 악마의 사상으로 하늘을 대적하고 나섰기 때문에 스탈린 또한 땅에 떨어진 별이라고 한 것이다.

9:2 저가 무저갱을 여니 그 구멍에서 큰 풀무의 **63연기** 같은 연기[하나님을 흉내 내는 사탄]가 올라오매 **해와 공기가 그 구멍의 연기로 인하여 어두워지며**[그리스도 복음운동이 하늘에 대적하는 사탄의 발악적 행동으로 일시적으로 빛을 발하기 어려운 시련의 국면에 처함]

9:3 또 **64황충이 연기 가운데로부터 땅 위에 나오매**[재림시대의 황충은 공산주의자, 노략질과 사람을 징계하는 곤충] 저희

---

63 시편 18편 8절에 "그 코에서 연기가 오르고 입에서 불이 나와 사름이여 그 불에 숯이 피었도다"라고 했고, 이사야 6장 4~5절에서는 하나님의 운행하심과 능력과 임재하심을 연기로 표현하고 있다. 그러나 여기서는 '연기 같은 연기'라고 했으므로 하나님의 운행하심과 임재하심을 모방한 것이라고 보아야 한다. 창조주가 아니면서 창조주를 흉내 내고 역사하는 사탄의 가증스런 모습을 '연기 같은 연기'로 비유한 것이다.

64 황충은 메뚜기과의 곤충으로 몸길이가 5cm 크기에 떼를 지어 날아다니며 삽시간에 풀 한 포기도 남기지 않을 정도로 농작물에 피해를 입히는 해충이다. 전갈은 낮에는 바위틈에 숨어 있다가 밤이 되면 활동을 시작하며, 꼬리 끝에 있는 유독성 굴절갈고리로 곤충이나 거미, 도마뱀 등을 마비시켜 먹이로 삼는 독충으로, 사람도 즉사시킬 수 있는 맹독을 지니고 있다. 성서에서의 사탄은 하나님이 창조하신 피조만물과 인간까지 '노략질하는 자'(사33:4)로 표현한다. 따라서 여기의 황충과 전갈은, 예수님 재림시에 나타날 적 그리스도인 공산주의는 황충처럼 노략질하는 자들이요, 전갈처럼 기습적이고 저돌적으로 인간의 영혼을 죽이는 독성을 가진 자들임을 예시하고 있다. 실제 공산주의가 출현한 이후, 소련에서는 71년 동안 1억 5천만 명이 학살되었고, 중공의 모택동은 4천만 명, 북한의 김일성은 5백만 명, 캄보디아와 베트남 공산당은 각각 200만 명과 60만 명을 학살한 것으로 보고되고 있다.

가 땅에 있는 **전갈의 권세와 같은 권세**[기습적이고 저돌적으로 인간의 영혼을 죽이는 치명적 독성을 가짐(왕상12:11~14, 겔2:6, 눅10:19)]를 받았더라

9:4   저희에게 이르시되 땅의 풀이나 푸른 것이나 **각종 수목은 해하지 말고**[지구 혹은 인류 종말의 외적인 권세는 주지 않음] 오직 이마에 **하나님의 인 맞지 아니한 사람들만 해하라**[재림주의 말씀을 받지 않는, 악의적인 사상으로 인해 받게 되는, 정신적 영적인 고충] 하시더라

9:5   그러나 그들을 죽이지는 못하게 하시고 **다섯달 동안**[하나님이 허락한 잠시 동안의 기간(10수 완성수의 반)] 괴롭게만 하게 하시는데 그 괴롭게 함은 전갈이 사람을 쏠 때에 괴롭게 함과 같더라

9:6   그날에는 사람들이 **죽기를 구하여도 얻지 못하고**[볼세비키당의 가정파괴: "가족은 자기중심의 온상", 스탈린독재 아래에서의 생활은 공포와 비극의 생지옥] 죽고 싶으나 죽음이 저희를 피하리로다

9:7 　황충들의 모양은[황충(공산주의자들)의 구체적 모양(7~12절)] **전쟁을 위하여 예비한 말들**[말은 용맹을 상징, 공산주의 세력이 종횡무진 도전해 올 것을 비유] 같고 그 **머리에 금 같은 면류관 비슷한 것을 썼으며**[면류관은 승리의 상징, 메시아가 오기 전까지는 공산주의자들에게 속수무책으로 당함] 그 **얼굴은 사람의 얼굴 같고**[사탄도 자기를 광명의 천사로 가장(고후 11:13~15), 최고의 이상적인 사상으로 평화를 얘기함]

9:8 　또 **여자의 머리털 같은 머리털**[매력적이고 유혹적인 사상체제를 들고 나온다는 의미] 또 이 있고 그 **이는 사자의 이 같으며**[열 뿔이 있고 쇠로 된 큰 이를 가진 잔인하고 포악한 존재(단 7:7~8)]

9:9 　또 **철흉갑 같은 흉갑이 있고**[조직적이고 체계적인 공산주의 조직망, 일단 포섭되면 빠져나오기 힘들다는 의미] 그 **날개들의 소리는 병거와 많은 말들이**[투쟁적이고 유능한 젊은이들과 지식층들까지도] **전장으로 달려 들어가는**[이 사상에 현혹되어 빠져드는] 소리 같으며

9:10 또 ⁶⁵전갈과 같은 꼬리[공산주의의 하부구조(프롤레타리아) 혁명]와 쏘는 살이 있어 그 꼬리에는 ⁶⁶다섯달 동안[제한된 기간(단9:27)] 사람들을 해하는 권세가 있더라

9:11 저희에게 ⁶⁷임금이 있으니 무저갱의 사자[하늘에서 떨어진 무저갱의 임금(사탄), 공산주의자]라 히브리 음으로 이름은 **아바돈이요**[파괴와 파멸하는 자] 헬라 음으로 이름은 아볼루온이더라

9:12 **첫째 화는 지나갔으나**[1차 세계대전(1914.4.28~1918.11.11)] 보라 아직도 이 후에 **화 둘이 이르리로다**[2차 세계대전이 일어날 것임을 예고]

9:13 **여섯째 천사가 나팔을 불매**[세계 공산화의 시작(1955년)에

---

65 전갈의 무기는 꼬리에 있다. 공산주의 또한 꼬리와 같은 하부구조인 프롤레타리아 혁명을 주무기로 내세우고 세계를 장악하려고 한다는 것이다.

66 단9:27 "그 통치자는 많은 백성과 더불어 칠 년 동안, 언약을 맺을 것이다. 그는 삼 년 반 동안, 예물과 제사를 못 드리게 막을 것이다. 그리고 멸망의 끔찍한 것이 성전의 가장 높은 곳에 놓이게 되지만, 하나님께서는 그 사람을 없애라는 명령을 이미 내리셨다."

67 하늘에서 떨어진 별 하나(계9:1, 사14:12, 요8:44)인 무저갱의 사자인 임금(사탄)은 만인을 지옥으로 이끌어가는 길잡이이다. 그 임금의 이름인 아바돈은 '파괴와 파멸하는 자'를 의미한다. 따라서 공산주의자들은 투쟁과 파괴와 파멸을 일삼는 자들인 것이다.

대한 하늘 편 군대의 진군] 내가 들으니 **하나님 앞 금단**[성
도들이 기도를 올리는 곳(계8:3)] **68네 뿔에서**[구원의 뿔, 네 천
사] 한 음성이 나서

9:14 나팔 가진 여섯째 천사에게 말하기를 **69큰 강 유브라
데에**[앗수르와 바벨론 지역(죄악과 원수의 땅), 하나님 편과 사탄
편의 접전 예고] **결박한 네 천사**[사탄에 속한 네 천사]를 놓
아 주라 하매

9:15 네 천사가 놓였으니 그들은 그 **년 월 일 시에**[치밀하게
계획된 것, 시기와 때를 정함] 이르러 사람 **삼분의 일**[세계
1/3의 공산화(계9:18)]을 죽이기로 예비한 자들이더라

---

68 시편 18편 2절과 사무엘상 22장 2~3절에서 여호와 하나님이 "나의 구원
뿔"이라고 한 것 같이, 여기에서의 네 뿔은 하나님을 위해 사역하는 네 천
사들을 가리킨다. 이 천사들은 요한계시록 7장 1~3절에서 땅의 사방의
바람을 붙잡아 놓았던 천사들이다. 이 네 뿔에서 나온 네 천사들에게 결
박당한 네 천사들을 놓아주라 함으로써, 이제 하나님 편과 사탄 편의 대
접전이 벌어지게 된다.

69 결박한 네 천사는 자기 지위를 지키지 않고 자기 처소를 떠난 천사들이
요, 끝날의 심판까지 결박해서 흑암에 가두어 두었던(유1:6~7) 죄를 범한
천사들(벧후2:4)이다. 유브라데는 원수 갚는 날의 원수 갚는 장소를 의미
하며(렘46:10) 첫 번째 화(12절)인 1차 세계대전이 지나고 두 번째 화인 2
차 세계대전이 발발할 것임을 보여준 것이다. 그리고 세계의 삼분의 일이
공산화될 것임을 예시하고 있다(계9:15, 18).

9:16 **마병대의 수**[파르티잔인(게릴라)]는 **이만만**[2억]이니 내가 그들의 수를 들었노라

9:17 이 같은 환상 가운데 그 말들과 그 탄 자들[붉은 말과 그 탄 자들(계6:3~4), 전쟁으로 인한 재난]을 보니 불빛과 자주빛과 유황빛 흉갑이 있고 또 **말들의 머리는 사자 머리**[사탄의 선지자들, 탐욕과 파괴력을 상징] 같고 그 입에서는 **불과 연기와 유황**[사탄의 허구에 찬 사술과 궤변 이론, 유황에 취하면 정신을 잃음] 이 나오더라

9:18 이 세 재앙 곧 저희 입에서 나오는 **불과 연기와 유황**[사탄(공산주의)의 허구에 찬 이론과 전술과 사술]을 인하여 사람 삼분의 일이 죽임을 당하니라

9:19 이 말들의 힘은 그 입[지혜로운 궤변]과 그 **꼬리**[노동자, 농민]에 있으니 그 꼬리는 **뱀 같고**[지혜롭다(마10:16)] 또 **꼬리에 머리가 있어**[노동자 농민이 주인이라고 선동] 이것으로 해하더라

9:20 이 재앙에 죽지 않고 남은 사람들은 그 손으로 행하

는 일을 **회개치 아니하고**[회개하지 아니함(계6:15, 계16:11)] **오히려 여러 귀신과** 또는 보거나 듣거나 다니거나 하지 못하는 금, 은, 동과 목석의 **우상에게 절하고**[탐심으로 물질의 노예가 되는 것(골3:5)]

9:21 또 그 **70살인과**[미움, 증오심] **복술과**[미혹, 주술] **음행과**[신을 음란하게 섬김(출34:15~17)] **71도적질을 회개치 아닌하더라**[끝날에 공산주의에 물들어 부도덕하고 이기적이고 우상을 숭배하고 쾌락에 탐닉하는 생활에 빠져들게 됨을 예시]

---

70 살인은 마음속의 미움과 증오심을 버리지 못하여 사랑하지 못하는 것을 말한다(요일3:14~15).

71 도적질은 "사람이 어찌 하나님의 것을 도둑질하겠느냐 그러나 너희는 나의 것을 도둑질하고도 말하기를 우리가 어떻게 주의 것을 도둑질하였나이까 하는도다 이는 곧 십일조와 봉헌물이라"(말3:8)라고 하신 것처럼 하나님이 주신 모든 것에 감사할 줄 모르고 영광을 돌려드릴 줄 모르는 것을 말한다.

힘센 천사와 작은 책

- 10장부터 15장까지는 8·9장의 나팔 재앙과 16장의 대접 재앙 사이에 일어나는 중간계시이다. 특히 재림주를 따라 고난당하는 성도들에게 하늘이 결국 승리한다는 위로를 주기 위한 장이다.

10:1   내가 또 보니 **72힘센 다른 천사**[하나님의 뜻을 위한 의로운 천사]가 **73구름을 입고 하늘에서 내려 오는데**[10장 7절의 일곱째 천사의 나팔소리와 함께 새 시대를 알리기 위하여 내려오는 천사(메시아 강림)] 그 머리 위에 **74무지개가 있고**[주님

---

72 하나님의 섭리와 뜻을 위해 역사하는 선한 천사(슥3:1)(6번째까지는 재앙 천사)

73 출애굽기 19장 9절의 "내가 **빽빽한 구름 가운데서** 네게 임함은 내가 너와 말하는 것을 백성으로 듣게 하며"라는 표현처럼, 구름은 하나님의 임재하심을 의미한다. 출애굽기 33장 9절과 민수기 12장 5절, 그리고 신명기 31장 15절에 여호와가 구름 기둥 가운데로 강림하시는 것도 같은 의미이다.

74 창세기 9장 13절에서 "내가 내 무지개를 구름 속에 두었나니 이것이 나의 세상과의 언약의 증거니라"라고 하신 것처럼 무지개는 하나님이 세상과의 약속을 이루려는 징표이다.

의 재림을 통하여 언약을 기필코 이루심(사46:11)] 그 **⁷⁵얼굴은
해 같고**[선한 천사(주님)] 그 발은 불기둥 같으며

10:2 그 손에 펴 놓인 **⁷⁶작은 책**[하나님의 비밀의 말씀(고전13:12,
요16:25, 요16:12)]을 들고 그 **오른발은 바다를 밟고 왼발
은 땅을 밟고**[바다와 땅은 타락한 죄악 세상, 이 죄악 세상에 대
한 새로운 구원섭리의 선포를 의미(단7:3, 계13:1, 사27:1)]

10:3 사자의 부르짖는[위엄 있는 하나님의 음성] **것같이 큰 소리
로 외치니**[주님이 왔는데도 모르는 상황에 대한 안타까움과 간
절함] 외칠 때에 **⁷⁷일곱 우뢰가**[재창조 완성을 위한 새 말씀
선포] 그 소리를 발하더라

---

75 시편 84편 11절에서 "여호와 하나님은 해요 방패"라고 하였고, 마태복음
17장 2절에서도 "얼굴이 해같이 빛나며, 옷이 빛과 같이 희어졌다"고 하
였다. 여기에서는 하나님의 뜻과 섭리를 위하여 역사하는 선한 천사의 모
습을 표현한 것이다.

76 작은 책에는 하나님이 비밀의 말씀이 담겨져 있다. 그러나 이 비밀의 말
씀은 다시 예언하고 가르쳐야 할 말씀이다(11절).

77 모세가 십계명을 받을 때에 뇌성이 났던 것처럼(출20:18), 여기에서의 일
곱 우뢰는 재창조의 완성을 위한 새 말씀 선포를 나타낸다. 그리고 다음
4절에서 "인봉하고 기록하지 말라"고 한 것은 아직 메시아가 재림하지 않
았기 때문이다. 메시아는 일곱째 천사가 나팔을 불고 나서야(계11:15) 비
로소 재림하게 되고 하나님의 비밀(작은 책)이 복음과 같이 이루게 된다
(계10:7).

10:4 일곱 우뢰가 발할 때에 내가 기록하려고 하다가 곧 들으니 하늘에서 소리나서 말하기를 일곱 우뢰가 발한 것을 **인봉하고 기록하지 말라 하더라**[재림주님을 불신하여 아직 받을 준비가 안 되어 인봉함. 7번째 나팔 불 때 이루어짐(계10:7)]

10:5 내가 본바 **바다와 땅을 밟고 섰는 천사**[계10:5~6은 단12:6~7의 내용이 배경, 힘센 천사(계10:1)]가 하늘을 향하여 오른손을 들고

10:6 세세토록 살아계신 자 곧 하늘과 그 가운데 있는 물건이며 땅과 그 가운데 있는 물건이며 바다와 그 가운데 있는 물건을 창조하신 이를 가리켜 **맹세하여 가로되 지체하지 아니하리니**[천사가 일곱째 나팔을 불 때 하나님의 비밀이 성취됨, 일곱 대접의 심판을 통해서 시작 *대접 재앙: 하늘 편이 사탄을 심판]

10:7 **일곱째 천사가 소리 내는 날**[하나님의 뜻을 알리는 의로운 천사, 장엄한 주님의 새말씀 선포] 그 나팔을 불게 될 때에 **하나님의 비밀이**[하나님의 섭리(창조, 타락, 복귀, 재창조)에 대

한 비밀 (고전4:1)] 그 종 선지자들에게 전하신 복음과 같이 이루리라

10:8 하늘에서 나서 내게 들리던 음성이 또 내게 말하여 가로되 네가 가서 바다와 땅을 밟고 섰는 **천사의 손에 펴 놓인 책을**[재림 때는 인봉하지 않은 말씀을 전하게 된다 (계22:10).] 가지라 하기로

10:9 내가 천사에게 나아가 작은 책을 달라 한즉 천사가 가로되 갖다 먹어버리라 **[78]네 배에는 쓰나 네 입에는 꿀 같이 달리라**[하나님의 말씀을 받는 것은 큰 기쁨이지만 소화하여 실천하는 것은 쉬운 일이 아니다.] 하거늘

10:10 내가 천사의 손에서 작은 책을 갖다 먹어버리니 내 입에는 꿀 같이 다나 먹은 후에 내 배에서는 쓰게 되더라

---

78 누가복음 17장 24~25절에서 "인자도 자기 날에 그러하리라 그러나 그가 먼저 많은 고난을 받으며 이 세대에 버린 바 되어야 할찌니라"라고 한 것처럼 재림 때 주님과 그를 따르는 성도들은 이 세대에 버림받고 많은 고난을 당하게 된다.

10:11 저가 내게 말하기를 네가 많은 백성과 나라와 방언과 임금에게 **[79]다시 예언하여야 하리라**[재림주가 오시면 주님의 길을 예비해야 할 사명이 있다.] 하더라

---

79 10장 8~11절은 힘이 센 천사에서 요한으로 옮겨진다. 주님이 참부모로서 인류 앞에 나타나기 전에 요한의 사명을 가진 자와 무리가 반드시 나타나게 될 것이며, 그들은 재림주가 누구인지를 알아보고 그의 복음을 세상에 전해야 하는 사명이 있다(예, 신천지 예수교 증거장막성전).

두 증인(나팔재앙을 설명함, 죽음과 부활)

- 11~13장은 나팔 재앙에 대해 부가적(구체적)으로 설명
- 두 증인(기독교: 구교, 신교, 14만 4천)이 활동하지만, 짐승의 핍박으로 죽게됨(계11:2, 9)
- 주님께서 승리하여 그리스도 나라(천일국, 신통일한국)를 세우게 될 때에(계11:15)
- 하나님이 만왕의 왕으로서 세상을 영원히 왕노릇하실 것임(계11:17)

11:1 또 내게 **지팡이 같은 갈대**[하나님의 심판도구(겔40:3~4, 사10:5)]를 주며 말하기를 일어나서 **하나님의 성전과 제단**[끝날에 대제사장 되신 메시아가 임하실 선민의 나라]과 **그 안에서 경배하는 자들을 척량**[주님을 알아보고 모시는 자들을 하나님이 보호]하되

11:2 **성전 밖 마당**[주님을 따르지 않는 자들]은 **척량**[보호]하지 말고 그냥 두라 이것을 이방인에게 주었은즉 저희가 **거룩한 성**[교회, 영적 이스라엘국가]을 **[80]마흔 두달 동안**[한

---

80 애굽고역시대 400년과 로마제국 박해시대 400년과 같이 한반도에 메시

일합방(1910~1945), 36년간의 일제 식민지 기간] 짓밟으리라

11:3 내가 나의 두 증인에게 권세를 주리니 저희가 **굵은 베
옷**[혹독한 시련과 핍박(일제 36년)]을 입고 **일천 이백 육십
일**[(전 3년반) 주님 맞을 준비기간, 여자가 낳은 아이(재림주)를 양
육하는 기간]을 예언하리라

11:4 **이는**[주와 함께하는 자들] 이 땅의 주 앞에 섰는 두 **감람
나무와 두 촛대**[재림주님과 함께 싸워야 할 두 무리(구교, 신교)
(14만 4천)]니

11:5 만일 누구든지 저희를 해하고자 한즉 **저희 입에서 불**
[엘리야의 심판적 사역, 예언자적 사명]이 나서 그 **원수를 소
멸할찌니**[많은 시련을 겪지만 하나님이 보호해 주심] 누구든
지 해하려 하면 반드시 이와 같이 죽임을 당하리라

11:6 저희가 권세를 가지고 하늘을 닫아 그 예언을 하는

아를 맞이하기 위한 한민족의 민족적 사탄분립기간이 필요했다. 마흔 두
달(계11:2, 13:5): 사탄이 땅의 권세를 잡는 기간, 3년 반, 1260일, 42달, 한
때 두때 반때(계11:2, 계13:5, 계12:14)는 심한 핍박의 시기를 나타내는 상
징이다.

날 동안 비 오지 못하게 하고 또 권세를 가지고 물을 **변하어 피 되게 하고**[모세, 물세례(몸), 천주교로서 제사장적 사명을 감당] 아무 때든지 원하는 대로 여러가지 재앙으로 땅을 치리로다

11:7 **저희가**[기독교인, 순교자들] 그 증거를 마칠 때에 **무저갱으로부터 올라오는 짐승**[무저갱(계20:1~4, 9:2)으로부터 올라오는 짐승(계11:7, 13:1, 17:7), 공산국가(러시아, 중국, 북한)]이 저희로 더불어 **전쟁을 일으켜**[제3이스라엘인 한국에서의 전쟁] 저희를 이기고 저희를 죽일터인즉

11:8 **저희 시체**[순교자, 신원받음(계19:2~3)]가 **큰 성 길에 있으리니**[바벨론, 주님을 대적하는 적그리스도 나라(북한)] 그 성은 영적으로 하면 **소돔**[음란의 중심지]이라고도 하고 **애굽**[우상의 중심지]이라고도 하니 곧 저희 주께서 **십자가에 못 박히신 곳**[재림주가 북한(평양과 흥남)에서 혹독한 옥고를 치름]이니라

11:9 백성들과 족속과 방언과 나라 중에서 사람들이 **그 시체를 사흘 반 동안을 목도하며**[피비린내 나는 동족상잔의

처절한 비극(한국전쟁, 1950.6.25~1953.7.27)] 무덤에 장사하지 못하게 하리로다

11:10 이 두 **선지자**[하나님이 준비하신 자들(계11:3)(구교, 신교)]가 **땅에 거하는 자들**[세상에 속하는 자들]을 괴롭게 한고로 땅에 거하는 자들이 **저희의 죽음**[기독교인들이 순교를 당함]을 즐거워하고 **기뻐하여**[사탄은 하나님의 백성이 죽는 것을 기뻐함] 서로 예물을 보내리라 하더라

11:11 **삼일 반 후에**[한국전쟁 후] 하나님께로부터 **생기가 저희 속에 들어가매**[성령의 역사가 불같이 일어남, 교회가 부흥되고 신령집단이 일어남] **저희가 발로 일어서니**[1954년 5월 1일 세계기독교통일신령협회창설] **구경하는 자들**[재림주 반대편에 선 기독교인들]이 크게 두려워하더라

11:12 하늘로부터 큰 음성이 있어 이리로 올라오라 함을 **저희가 듣고 구름을 타고 하늘로 올라가니**[신실한 믿음으로 순교를 당하거나 주님을 따르다 죽은 영들이 영생의 구원을 받음] 저희 **원수들도**[핍박한 자들] 구경하더라

11:13 그 시에 큰 **지진이 나서**[하나님의 현현(출19:18, 삿5:4, 열상 19:11)] 성 십분의 일이 무너지고 **지진에 죽은 사람**[사탄 세력의 심판 받음과 멸망]이 **칠천이라**[7은 완전수, 1000은 많다 =하늘 뜻이 완전히 이루어짐] 그 남은 자들이 두려워하여 영광을 하늘의 하나님께 돌리더라

11:14 **둘째 화는 지나갔으나**[2차대전후 한국전쟁까지의 적그리스 도의 기독교인들에 대한 핍박] 보라 **세째 화가**[대접 재앙(하늘 의 심판)이 시작됨] 속히 이르는도다

일곱째 나팔 소리

11:15 일곱째 천사가 나팔을 불매 하늘에 큰 음성들이 나서 가로되 **세상 나라가 우리 주와 그 그리스도의 나라가 되어**[새 시대의 임박, 주님이 만왕의 왕이 되어 영원히 통치하심] 그가 **세세토록 왕노릇**[계20:4, 22:5에서 구체적으로 언급] 하시리로다 하니

11:16 하나님 앞에 자기 보좌에 앉은 이십 사 장로들이 엎 드려 얼굴을 대고 하나님께 경배하여

11:17 가로되 감사하옵나니 옛적에도 계셨고 시방도 계신 주 하나님 곧 전능하신이여 친히 큰 권능을 잡으시고 왕노릇 하시도다

11:18 이방들이 분노하매 **주의 진노**[하나님의 심판]가 임하여 **죽은 자**[재림주를 따르지 않는 불신자들]를 심판하시며 종 선지자들과 성도들과 또 무론대소하고 주의 이름을 경외하는 자들에게 **상 주시며**[구원해 주심] **또 땅을 망하게 하는 자들**[사탄과 음녀, 짐승 및 선지자들(계17:14, 계19:2, 계20:10)]을 멸망시키실 때로소이다 하더라

11:19 이에 하늘에 있는 하나님의 성전이 열리니 성전 안에 **[81]하나님의 언약궤가 보이며**[언약궤(출25:10~22), 바벨론에 의해 솔로몬신전이 파괴될 때 사라짐(BC 587년), 하나님의 날 회복] 또 **[82]번개와 음성들과 뇌성**[하나님의 영광과 능력의 신

---

81 이 언약궤는(수3:3~4, 4:18) 여호와의 임재를 의미한다(수6:6). 여리고성 공격시에도 언약궤를 멘 제사장들이 일곱 양각나팔을 불면서 진군했고, 블레셋 전쟁 때에도 백성들의 선두에 섰다(삼상4:4~7).
82 번개와 뇌성은 하나님의 영광과 능력의 신비성을 나타낸다(신32:41, 출 19:16, 20:18, 삼하22:14~15, 시97:4, 겔1:13).

비성]과 ⁸³**지진**[하나님의 현현]과 ⁸⁴**큰 우박**[하나님의 진노,

징계, 형벌]이 있더라

---

83 지진은 하나님의 현현을 나타낸다(출19:18, 삿5:4, 왕상19:11).
84 우박(출9:13~34, 시78:47)은 죄에 대한 하나님의 진노하심, 곧 징계와 형벌의 표현(시105:32, 학2:17)이다.

붉은 용과 여자와 아들
– 재림 메시아의 탄생 배경

> – 여자[조선, 한국]을 사탄이 일본과 북한을 통해 핍박함[계12:2,
>   12:13]
> – 장차 철장으로 만국을 다스릴 남자[재림 메시아]의 탄생[계12:5]

12:1   하늘에 큰 이적이 보이니 [85]해를 입은 한 여자[하나님의
은혜를 입은 주님이 오실 나라(조선)]가 있는데 [86]그 발[주님의
발] 아래는 달이[어머니의 성령(창37:9)] 있고 그 머리에는
[87]열 두 별의 면류관[성도들의 승리(막13:24~26)(마24:39, 눅
21:25, 계8:12)]을 썼더라

---

85 해는 "하나님의 은혜"(시84:11, 말4:2)를 상징한다. 그리고 아모스 5장 2절
에 초림 주님이 오실 나라인 이스라엘을 처녀로 비유하고, 계시록 17장
18절에 여자를 '땅의 임금들을 다스리는 큰 성'으로 비유했던 것처럼, 여
기에서의 여자는 '주님이 재림하실 나라'를 의미한다.

86 평화를 공포하고 복음을 가져오며 구원을 가져오는 자인 주님의 발을 뜻
한다(사52:7).

87 막13:24~26 "그 환난 후에 해가 즉시 어두워지며 달이 빛을 내지 아니하
며 별들이 하늘에서 떨어지며 하늘에 있는 권능들이 흔들리리라 그 때에
인자가 구름을 타고 큰 권능과 영광으로 오시는 것을 사람들이 보리라"

12:2 **이 여자**[선민국가, 조선]가 **⁸⁸아이를 배어 해산**[일제 핍박,

조선에서 메시아가 탄생(창3:15, 갈4:4)]하게 되매 **아파서 애**

써 부르짖더라[조선은 택함받은 백성으로서 사탄분립을 위한

탕감의 고난을 당함]

12:3 하늘에 또 다른 이적이 보이니 보라 한 **⁸⁹큰 붉은 용**

이[마귀, 거짓 선지자, 공산주의(스탈린)] 있어 **⁹⁰머리가 일곱**

---

88 주님의 초림 때에도 메시아가 탄생하기 위한 사탄분립 40수의 기간이 애
굽고역 400년과 메시아 강림 준비시대 400년이 있었듯이 재림주님이 재
림할 조선에도 사탄분립 40수 탕감기간이 있어야 되므로, 1905년부터
1945년까지 40년 동안 일본으로부터 선민 이스라엘 민족이 애굽고역시
대나 기독성도들의 로마 박해시대와 같은 혹독한 수난(일제의 탄압)을
겪어야만 했다. 또한, 이 기간은 이방 민족의 통치하에 있던 이스라엘 민
족의 메시아 강림준비시대 400년과 로마 황제 아우구스티누스가 임명한
분봉왕 헤롯이 36년간 통치한 기간과 동일한 의미를 갖는다.

89 용은 옛 뱀이고 마귀 사탄이며 온 천하를 꾀는 거짓 선지자이다(계12:9).
구약에서는 하나님 백성을 삼킨 바벨론 왕 느부갓네살(렘51:34절)을, 초
림 주님이 강림하실 때는 사탄 역사를 하던 바로(애굽왕)를 용으로 비유
했다. 오늘날 주님 재림시대에 하나님에게 대적하는, 애굽이나 바벨론,
앗수르와 같은 입장인, 붉은 용은 유물론과 무신론을 내세워 세계를 적
화하려는 스탈린을 중심한 소련 공산주의가 아닐 수 없다.

90 원래 머리는 그리스도(엡1:22)와 그의 여호와와 만물에 대한 주권(대상
29:11)과 교회에 대한 그의 완전한 지배권(엡5:23)을 의미한다. 여기에서
의 머리는 사탄 편 그리스도형의 인물인 스탈린을 내세워, 공산권에서 절
대적인 권세와 지배권을 가지고 전 공산권을 통치하게 될 것임을 암시한
것이다. 그리고 머리가 일곱이라는 것은 공산권의 맹주인 소련의 권력구
조(지도체제)가 일곱 단계에 걸쳐 이루어짐을 나타낸다.
  * 일곱 머리: ① 레닌시대: 1917~1922 ② 당내논쟁대립시대: 1923~1926
  ③ 스탈린시대: 1927~1953 ④ 말렌코프시대: 1953~1955 ⑤ 흐루시초프

[소련의 권력구조 일곱 단계]이요 **⁹¹뿔이 열이라**[10대에 걸친 소련의 열왕] 그 여러 **머리에 일곱 면류관이 있는데**[사탄(공산주의)의 일시적인 승리(10대를 넘지 못함)]

12:4 그 **꼬리가**[프롤레타리아 계급을 내세워] **하늘 별 삼분의 일**[전세계 기독교 성도의 삼분의 일(계8:10~13)]을 끌어다가 **⁹²땅에 던지더라**[참혹한 박해와 죽임을 당함] 용이 해산하려는 여자 앞에서 그가 해산하면 그 아이를 삼키고자 하더니

시대: 1955~1964 ⑥ 집단지도체제시대: 1964~1982 ⑦ 브레즈네프 이후 몰락시대: 1982~1991

91 다니엘 7장 17~20절에 "또 그것의 머리에는 열 뿔이 있고"라고 했는데, 이 뿔은 왕의 권세를 상징하는 것이고, 다니엘 7장 24절에 "그 열 뿔은 이 나라에서 일어날 열 왕이요"라고 했고, 요한계시록 17장 12절에서도 "열 뿔은 열 왕"이라고 했으며, 시편 75편 10절에도 "악인의 뿔은 다 베고 의인의 뿔은 높이 들리로다"라고 한 것으로 보아 붉은 용의 머리에 뿔이 열이라고 한 것은 소련이 공산권의 권세를 갖고 있으며, 10대에 걸쳐서 열 왕이 나와 권력을 행사할 것임을 암시한다고 볼 수 있다.

* 열 뿔: ① 레닌: 1922. 12 ② 몰론토프: 1930 ③ 스탈린: 1941. 3. 11 ④ 말렌코프: 1953. 3 ⑤ 불가린: 1955. 5 ⑥ 흐루시초프: 1958. 2 ⑦ 코시간: 1964. 10 ⑧ 브레즈네프: 1982. 11 ⑨ 안드로포프: 1983. 2 ⑩ 체르넨코: 1985. 3 ⑪ 고르바초프: 1988.10(1991.12.24: 공산주의 붕괴, 1992. 1. 1: 독립국가연합 창설)

92 실제로 기독교 국가였던 러시아(소련)가 1917년 공산화된 후, 기독교 성도들을 무차별 살해하고 기독교 말살정책을 폄으로써 삼분의 일에 해당하는 무수한 하늘의 별들(성도)이 땅에 떨어지는 것과 같은 참혹한 박해를 받았다.

12:5 여자가 아들을 낳으니 이는 장차 [93]**철장으로 만국을 다스릴 남자**[하나님의 말씀으로 세상을 다스릴 남자인 메시아]라 그 아이를 하나님 앞과 그 보좌 앞으로 올려가더라

12:6 그 여자가 광야로 도망하매 거기서 [94]**일천 이백 육십일**[3년 6개월(36년)] 동안 **저를 양육**[메시아를 양육]하기 위하여 하나님의 예비하신 곳이 있더라

12:7 하늘에 전쟁이 있으니 **미가엘과 그의 사자들**[다니엘 예언이 성취됨(단12:1, 사14:12)]이 용으로 더불어 싸울째 **용과 그의 사자들**[소련 공산주의자들]도 싸우나

---

93 철장(鐵杖)은 '쇠로 만든 지팡이'로, 성경에서 강력한 권세와 능력을 상징하지만(시2:9, 계19:15~16), 여기에서는 '리(利)한 검'과 같은 의미로, 사탄 주권의 세상을 구원할 주님의 '하나님의 말씀'을 뜻한다(히4:12, 계1:16, 2:16, 19:15, 사11:6, 약3:6, 살후2:8).

94 이 기간은 계시록 11장 3절의 '두 증인이 예언한 기간'이기도 하고, 4절의 해산하는 아이를 삼키고자 하는 짐승이 하늘을 훼방하는 기간이기도 하지만, 하늘 편에서는 아이를 양육하는 기간이기도 하다(계12:6, 13:5~10). 1917년 11월 7일 러시아 공산혁명에 대한 반대급부적 조건으로 하늘 편에서는 1919년 3월 1일을 기하여 조선에서 기독교를 중심으로 3.1운동이 일어나고 이듬해 1920년 1월 6일(음력)에 재림주가 탄생하게 된다. 그리고 36년간의 민족적 탕감기간을 거쳐 1953년에야 비로소 메시아를 맞이할 민족적 기대를 조성하게 된다.

12:8 **이기지 못하여**[영적 싸움에서의 재림주의 승리] 다시 하늘에서 저희의 있을 곳을 얻지 못한지라

12:9 큰 용[일곱 머리 중 여섯 번째 머리(구소련)]이 내어 쫓기니 옛 뱀 곧 마귀라고도 하고 사단이라고도 하는 온 천하를 꾀는 자라 땅으로 내어 쫓기니 그의 사자들도 저와 함께 내어 쫓기니라

12:10 내가 또 들으니 하늘에 큰 음성이 있어 가로되 이제 우리 하나님의 구원과 능력과 나라와 또 그의 그리스도의 권세가 이루었으니 우리 형제들을 참소하던 자 곧 우리 하나님 앞에서 밤낮 참소하던 자가 쫓겨 났고

12:11 또 여러 형제가 **어린 양의 피**[재림주의 희생]와 자기의 증거하는 말을 인하여 저를 이기었으니 그들은 **죽기까지 자기 생명을 아끼지 아니하였도다**[새 말씀을 증거하기 위하여 죽기까지 함(계6:9, 계11:7, 계19:2, 계20:4)]

12:12 그러므로 하늘과 그 가운데 거하는 자들은 즐거워하라 그러나 **땅과 바다는 화 있을찐저**[붉은 용인 적그리스도

가 전쟁을 일으킴(계12:13~14)] 이는 마귀가 **자기의 때가 얼마 못된 줄**[정해져 있다(42달)]을 알므로 크게 분내어 **너희에게 내려 갔음**[지상에서 마지막 발악, 중국 공산화, 6.25전쟁]이라 하더라

12:13 용이 자기가 땅으로 내어쫓긴 것을 보고 **남자를 낳은 여자**[6.25전쟁을 통하여 남한을 곤경에 빠뜨림]를 핍박하는 지라

12:14 그 **여자**[남한]가 ⁹⁵큰 독수리[미국, 여호와를 앙망하는 자(사40:31)]의 두 날개를 받아 광야 자기 곳으로 날아가 거기서 그 ⁹⁶뱀의 낯[용=소련, 뱀=북한]을 피하여 **한 때와 두 때와 반 때**[3년반(1950.06.25~1953.07.27) 도움을 받음]를 양육 받으매

---

95 독수리는 살육이나 죽음을 뜻하지만(마24:28, 욥39:26~30), 여호와를 앙망하는 자의 상징이기도 하다(사40:31). 그런데 신명기 28장 49절에서 "여호와께서 원방 땅 끝에서 한 민족을 독수리의 날음 같이 너를 치러 오게 하시리니 이는 네가 그 언어를 알지 못하는 민족이요"라고 한 것처럼, 하나님이 뜻에 따라 부름을 받은 일꾼을 상징하기도 한다. 여기서 메시아를 탄생시킬 여자(나라)를 돕는 두 날개를 가진 큰 독수리는 바로 미국을 가리킨 것이다(미국의 국조는 독수리).

96 요한계시록 13장 11절에 "새끼 양 같이 두 뿔이 있고 용처럼 말하는 짐승"으로 표현한 것처럼 뱀은 붉은 용(소련)의 앞잡이이며 하수인인 김일성의 북한정권을 의미한다.

12:15 여자의 뒤에서 **뱀**[북한 김일성정권]이 그 입으로 물을 강

같이 **토하여**[대환란을 예시] 여자를 물에 떠내려 가게

하려 하되

12:16 **땅이**[16개국 우방국] **여자**[한국]를 도와 그 입을 벌려 용

의 입에서 토한 강물을 삼키니

12:17 용이 **여자에게 분노하여**[6.25 남침에 실패하여] 돌아가서

그 **여자의 남은 자손**[하나님의 계명을 지키는 성도들] 곧 하

나님의 계명을 지키며 예수의 증거를 가진 자들로 더

불어 싸우려고 **바다 모래 위에 섰더라**[회개하지 않고 끝

까지 대적(계16:11, 계20:8)]

짐승 두 마리 – 사탄형 재림주의 등장

- 짐승 두 마리→공산주의 세계화: 50년대의 두 짐승[적 그리스도]
  의 기세

13:1   내가 보니 **바다에서**[죄악의 세계(사27:1)] **한 짐승**[붉은 용,
       소련]이 나오는데 **뿔이 열이요**[소련의 10명의 지도자(12장 3
       절 주석 참조)] **머리가 일곱이라**[소련의 일곱 지도체제(12장 3
       절 주석 참조)] 그 뿔에는 열 면류관이 있고 그 머리들에
       는 **참람된**[신성모독하는] 이름들이 있더라

13:2   내가 본 짐승은 **표범**[날쌤]과 비슷하고 그 발은 **곰의
       발**[우악스럽고 저돌적] 같고 그 입은 **사자의 입**[무자비하고
       포악] 같은데 **용이 자기의 능력과 보좌와 큰 권세를 그
       에게 주었더라**[하나님의 실체가 예수님(고전3:6, 요14:9, 마
       3:17)이신 것처럼, 사탄이 소련과 스탈린에게 들어가서(요13:2-가

롯 유다, 마16:23-베드로) 끔찍한 범죄를 저지르게 함]

13:3 그의 머리 **하나가 상하여 죽게 된 것 같더니**[공산주의도 혁명이 성공하기까지 엄청난 희생이 있음] 그 죽게 되었던 **상처가 나으매**[혁명의 성공] 온 땅이 이상히 여겨 짐승을 따르고

13:4 용[사탄]이 **짐승**[적그리스도, 소련]에게 권세를 주므로 **용에게 경배하며 짐승에게 경배하여**[공산국가도 엄청난 지지를 받아 커짐] 가로되 누가 이 짐승과 같으뇨 **누가 능히 이로 더불어 싸우리요**[공산주의를 맞서 싸워 승리할 자는 주님 밖에 없다(계17:14)] 하더라

13:5 또 짐승이 과장되고 **신성 모독을 말하는 입**[공산주의 무신론 "신은 없다"]을 받고 또 **⁹⁷마흔 두달**[1917년(공산혁

---

97 1917년 10월 혁명으로 최초의 사회주의 국가(사탄의 나라)가 탄생한지 3년 6개월이 지난 1920년경에 재림의 시대가 도래하는 것을 마태복음 24장 29~30절의 "그날 환난 후에 즉시 해가 어두워지며 달이 빛을 내지 아니하며 별들이 하늘에서 떨어지며 하늘의 권능들이 흔들리리라 그 때에 인자의 징조가 하늘에서 보이겠고"라고 하신 말씀처럼 성직자와 성도들이 깨닫고 준비해야 했다. 그런데 이들이 책임을 다하지 못하여 가중된 탕감조건으로 6절의 "짐승이 입을 빌려 하늘을 훼방하는" 기간, 36개월의 월(月)을 연(年)으로 환산하여, 36년이 지난 1953년에야 비로소 재림주님

명)~1953년(36년)] 일할 권세를 받으니라

13:6 짐승이 **입을 벌려 하나님을 향하여 훼방**[공산주의자들이 공산주의 사상을 외치며 재림주를 통한 하나님의 섭리를 방해]하되 **그의 이름**[메시아 참부모]과 **그의 장막**[세계평화통일가정연합] 곧 하늘에 거하는 자들을 훼방하더라

13:7 또 권세를 받아 **성도들과 싸워 이기게 되고**[소련, 동구권, 중국, 북남미 등 공산국가 난립] 각 족속과 백성과 방언과 나라를 다스리는 **권세를 받으니**[세계적 공산화]

13:8 **죽임을 당한 어린 양의 생명책**[죽으면서도 하나님의 심정권에 사신 예수님과 같은 삶을 산 의인의 명부]에 창세 이후로 녹명되지 못하고 **이 땅에 사는 자들**[기독교를 포함한 대부분의 종교인과 지식인]은 다 **짐승에게 경배**[공산주의 사상에 빠짐]하리라

13:9 누구든지 귀가 있거든 들을찌어다

을 맞이할 수 있었다.

13:10 [98]사로잡는 자는 사로잡힐 것이요[맞고 빼앗아오는 하나님의 전법, 핍박받은 만큼 주님의 세력이 확장됨] [99]칼로[전쟁이 시작] 죽이는 자는 자기도 마땅히 칼에 죽으리니 성도들의 인내와 믿음이 여기 있느니라

13:11 내가 보매 또 다른 짐승[스탈린 이후의 공산주의 지도자(모택동, 카스트로, 김일성 등)]이 땅에서 올라오니 새끼양 같이 두 뿔이[주체사상을 들고 나와 자신(김일성)을 숭배하게 하는 하게 하는 거짓 아버지(김일성)] 있고 용처럼 말하더라[해와를 유혹한 뱀처럼 거짓 지혜로 사람들을 홀림]

13:12 저가 먼저 나온 짐승의 모든 권세[소련(스탈린)과 같은 독재 정권]를 그 앞에서 행하고 땅과 땅에[각각의 공산국가] 거하는 자들로 처음 짐승에게 경배하게 하니[공산주의

---

98 공산주의자들은 일시적으로 성도들과 싸워 이기지만, 붉은 말을 탄 이들은 출발 때부터 땅에서 평화를 제하고 서로 죽이는 큰 칼을 받은 자들이므로(계6:4), 재림의 시대가 도래하면 끝내는 칼에 망하게 될 것임을 10절에서 시사한다.

99 살상무기인 칼을 들었다는 것은 전쟁의 시작을 의미한다. 구약성경에 보면, 유다 자손이 예루살렘을 칼날로 치고 성을 불살랐으며(삿1:8), 사울이 아말렉과의 싸움에서 칼날로 모든 백성을 진멸하였다(삼상15:8)고 기록하고 있다. 또한, 호세아 11장 6절에도 "칼이 저희의 성읍들을 치며 빗장을 깨뜨려 없이하리니"라고 기록하고 있다.

사상에 물들게 함] 곧 **죽게 되었던 상처가 나은 자**[지금까지의 세상의 전통이나 풍습과는 다른 삶을 살게 됨]니라

13:13 **큰 이적을 행하되**[하나의 종교같이 광적인 추종자들이 생김] 심지어 사람들 앞에서 **[100]불이 하늘로부터 땅에**[메시아가 말씀을 주듯이, 적그리스도도 궤변을 말함(예, 주체사상)] **내려 오게 하고**

13:14 **짐승 앞에서 받은바 이적을 행함으로 땅에 거하는 자들을 미혹하며 땅에 거하는 자들에게 이르기를 [101]칼에 상하였다가 살아난 짐승**[전쟁에서 죽지 않고 살아난 자]**을 위하여 우상을 만들라**[공산주의 사상에 절대적으로 따르

---

100 여기서 불은 말씀을 상징하지만(약3:6, 렘5:14), 이 불은 하나님의 말씀이 아니고 새끼 양 같은 뿔 달린 짐승이 내는 용의 말이므로 김일성의 주체사상을 뜻한다.

101 스탈린의 앞잡이인 김일성은 1948년 9월 9일 북한을 장악하여 공산정권을 수립하여 하나님의 아들 메시아를 낳은 여자를 박해하여 1950년 6월 25일 남침을 하였는데, 맥아더의 전략을 따랐으면 3년 6개월이 지난 1953년 이전에 북한 공산정권을 함락시킬 수 있었다. 그러나 기독성도와 성직자들이 책임을 다하지 못하여 주님을 맞아들이지 못했기 때문에 가중된 탕감으로 10배수인 36년이 경과된 1986년부터 무너지기 시작한다. 하늘의 섭리로는 1985년 제2차 세계평화교수협의회 세계대회(1985.08.13~17, 스위스 제네바)에서 문선명 총재의 지시로 카플란 박사가 '공산주의 종언'을 선포를 하게 되었고, 이때부터 공산주의는 영적으로 사양길에 접어들게 되었다.

게 함] 하더라

13:15 저가 권세를 받아 그 짐승의 **우상에게 생기를 주어**[공산주의 사상을 주입하여] 그 짐승의 **우상으로 말하게 하고** [공산주의 사상에 절대적으로 따르게 하고] 또 **짐승의 우상**[공산주의]에게 **경배하지 아니하는**[따르지 아니하는] 자는 몇 이든지 다 죽이게 하더라

13:16 저가 모든 자 곧 작은 자나 큰 자나 부자나 빈궁한 자나 자유한 자나 종들로 그 오른손에나 [102]이마에 표를 **받게 하고**[무신론에 입각한, 하나님을 부정하는 철저한 공산주의 사상교육]

13:17 누구든지 이 표를 가진 자[공산주의 당원] 외에는 **매매를 못하게 하니**[거주이전과 사유재산 불인정, 철저한 경제 통제] 이 표는 곧 짐승의 이름이나 그 **이름의 수**[당원들이

---

102 하나님이나(요6:27) 주님으로부터(고후1:21~22, 엡1:13) 인침을 받는다는 것은 구원의 증표를 받는다는 뜻으로, 성령화된 인간이 됨으로써 신의 성품에 참예하는 자, 즉 신성한 인간이 되게 하였다는 의미이다(벧후 1:4~12). 역으로짐승의 표를 받았다는 것은, 악령에 사로잡힌 자, 즉 무신론에 입각하여 하나님을 부정하는 공산주의 사상교육을 통하여 사탄의 성품을 닮은 인간을 형성하는 것을 말한다.

공산주의를 이끎]라

13:18 지혜가 여기 있으니 총명 있는 자는 그 **¹⁰³짐승의 수**
[하나님을 부인하고 불신하는 자들의 수]를 세어 보라 그 수
는 사람의 수니 **¹⁰⁴육백 육십 륙이니라**[인간 타락 수 '6',
공산당원: 하나님의 심정을 잃어버린 자들]

---

103 예수님이 하나님을 모르고 부정하는 무리들을 여우(짐승)라고 했듯이(눅
13:32), 짐승은 하나님을 모르고 부인하고 불신하는 자들이다. 그래서 짐
승 같은 사람의 수라고 한 것이다.

104 메시아를 생명시하며 따르는 무리가 14만 4천 무리(7장 참고)이듯이, 666
수는 짐승을 따르는 무리이다. 인간의 완성을 수리적 단계로 볼 때, 소생
3수, 장성 3수, 완성 3수에 하늘 수 1수를 합한 10수이다. 그런데 인간 조
상 아담과 해와가 장성기 완성급에서 타락했기 때문에 수리적으로 볼 때
6수는 타락을 의미한다. 따라서 6수는 불순종수가 되는데, 이 불순종
수에 소생·장성·완성의 의미를 가미하여 배열한 수가 666이다. 그러므로
666수는 완전 타락수로서 하나님을 전적으로 부정하고 무신론을 주장
하는 무리를 상징하는 것이다.

십사만 사천 명이 부르는 노래

- 시온의 어린 양과 14만 4천 무리[계14:1~5]
- 두 짐승의 핍박에 인내하는 하늘의 백성을 마지막 주수[계 14:14~20]를 통하여 위로해 주는 장

14:1 또 내가 보니 보라 어린 양이 ^{105}시온산[HJ천원]에 섰고
그와 함께 ^{106}십 사만 사천[하나님의 나라를 이룰 의인의 무

---

105 이사야 2장 3절의 "이는 율법이 시온에서부터 나올 것이요"라는 말씀이
나, "여호와께서 가라사대 구속자가 시온에 임하며"라는 이사야의 증언
처럼, 시온산은 여호와 하나님이 거하시는 곳으로 하나님의 말씀이 비롯
되는 곳이라는 의미를 내포하고 있다(사4:5, 28:16, 59:20). 여기에서의 시
온산은 재림주가 독생녀와 성혼하여 참부모가 되어 승리함으로써 찾아
세우신, 여호와 하나님이 거하시는 지성소인 천정궁(天正宮), 참부모의
말씀과 생애노정의 박물관인 천원궁 천일성전, 천일국 백성을 길러내는
HJ천주천보수련원 등이 위치한 HJ천원(경기도 가평군 설악면 송산리 소
재)이 바로 시온산이다.

106 7장 4절에서 밝혔듯이, 14만 4천은 하늘땅의 대표수(3×4=12)의 제곱인
144(역사를 대표한 수)에 천을 곱한 것이다. 이 수는 하늘땅의 모든 인간
과 역사를 대표한 숫자로서 끝날 주님을 절대시하고 의인들의 반열에서
하나님의 나라, 즉 지상천국을 이루기까지 하나님께 찬성하며 기쁨을 돌
려드리는(시28:6~7, 33:1~3) 의인의 무리들이다.

리(축복가정)]이 섰는데 그 이마에 **어린 양의 이름**[지상에서의 의인]과 그 **아버지의 이름**[천상에서의 의인]을 쓴 것이 있도다

14:2 내가 **하늘에서 나는 소리**[시온산(HJ천원)에서의 찬송소리]를 들으니 많은 물소리도 같고 큰 뇌성도 같은데 내게 들리는 소리는 거문고 타는 자들의 그 거문고 타는 것 같더라

14:3 저희가 보좌와 네 생물과 장로들 앞에서 새 노래를 부르니 땅에서 구속함을 얻은 **십 사만 사천**[청평성지를 찾는 축복가정]인 밖에는 능히 이 노래를 배울 자가 없더라

14:4 이 사람들은 [107]여자로 더불어 더럽히지 아니하고 정

---

107 창세기에 기록된 대로 여자로 인하여 인간 조상에게 죄가 들어왔고 그 죄는 음란죄였다. 그런 이유로 갈라디아서 4장 4절에서는 인간이 다시 여자로 인해 생명을 얻게 될 것이라고 하였다. 그리고 여기에서의 정절은 육체적인 정절은 물론이고 요한계시록 17장 18절에서 "여자는 땅의 임금들을 다스리는 큰 성"이라고 했듯이, 세상 권세나 유혹으로 인하여 세속화되지 않은 자들이다. 성서에서는 하나님과 인간의 관계를 부부로 표현하는 구절이 많다. 호세아 2장 16절에 "그날에 네가 나를 남편이라 일컫고"라고 했고, 19절에서는 "네게 장가들어 영원히 살되"라고 했으며, 고린

절이 있는 자라[14만 4천 무리의 성격을 단정적으로 표현함, 이들은 메시아를 맞이하여 원죄를 청산하고 축복을 받아 선의 혈통을 보존하는 정절이 있는 자들이다.] **어린 양**[참부모]이 어디로 인도하든지 따라가는 자며 사람 가운데서 **구속**[해원, 축복]을 받아 **처음 익은 열매**[창조본성을 회복한, 완성한 아담과 해와]로 하나님과 어린 양에게 속한 자들이니

14:5 그 입에 거짓말이 없고 흠이 없는 자들이더라

세 천사가 전하는 말

14:6 또 보니 다른 천사가 **공중에 날아가는데**[인터넷과 영상을 통한 말씀 전파] 땅에 거하는 자들 곧 여러 나라와 족속과 방언과 백성에게 전할 ¹⁰⁸**영원한 복음**[주님의 참사

도후서 11장 2절에서는 "정결한 처녀로 한 남편인 그리스도께 드리려고"라고 하였다. 이렇듯 성서에서는 하나님과 인간, 또는 주님과 인간은 마치 부부 사이처럼 떼려야 뗄 수 없는 일체의 관계로 설정해 놓고 있다. 그래서 이방신을 섬기는 것은 음란이요, 변절한 자(신31:16, 겔23:30)라고 규정하고 있다.

108 베드로전서 1장 24~25절에서 "모든 육체는 풀과 같고 그 모든 영광은 풀의 꽃과 같으니 풀은 마르고 꽃은 떨어지되 오직 주의 말씀은 세세토록 있도다"라고 했듯이 '영원한 복음'은 영원히 보존되고 계승되어야 할 주님의 말씀을 의미한다.

랑의 말씀]을 가졌더라

14:7 그가 큰 음성으로 가로되 하나님을 두려워하며 그에
게 영광을 돌리라 이는 **그의 심판하실 시간**[천일국=신
통일한국=신통일세계]이 이르렀음이니 하늘과 땅과 바다
와 물들의 근원을 만드신 이를 경배하라 하더라

14:8 또 다른 천사 곧 둘째가 그 뒤를 따라 말하되 무너졌
도다 무너졌도다 큰 성 [109]**바벨론**[음란 사탄의 상징]이여
모든 나라를 그 음행으로 인하여 [110]**진노의 포도주**[사
탄을 중심한 마르크시즘(Marxism)]로 먹이던 자로다 하더라

14:9 또 다른 천사 곧 세째가 그 뒤를 따라 큰 음성으로 가
로되 만일 누구든지 짐승과 그의 **우상에게 경배**[공산
주의 사상을 따름]하고 **이마에나 손에 표를 받으면**[공산당

---

[109] 아키드어 '바빌'에서 유래된 말인 바벨론은 원래 '신의 문'이라는 뜻을 담
고 있다. 하지만 성서에서의 바벨론은 귀신의 처소와 각종 더러운 영이
모이는 곳(계18:2), 혹은 땅의 음녀들과 가증한 것들의 어미(계17:5)로 묘
사되고 있다.

[110] 요한복음 15장 5절에서는 주님을 포도나무에 비유했다. 따라서 포도주
는 메시아니즘(Messianism)을 뜻하고, '진노의 포도주'는 사탄을 중심한
마르크시즘(Marxism)을 뜻한다.

의 당원과 같은 역할을 하면]

14:10 그도 하나님의 **진노의 포도주를 마시리니**[심판을 받으리니] 그 진노의 잔에 **섞인 것이 없이 부은 포도주**[영원하고 완전한 하나님의 참사랑의 말씀]라 거룩한 천사들 앞과 어린 양 앞에서 **불과 유황**[불=혀, 하나님의 참사랑의 말씀]**으로 고난을 받으리니**[(참사랑의 결핍으로) 심판을 받으리니]

14:11 그 **고난의 연기**[거짓사랑으로 인한 심판의 고통]가 **세세토록 올라가리로다**[자손만대에 이어지리라] 짐승과 그의 우상에게 경배하고 그 **이름의 표를 받는 자**[육신을 중심으로 사는 자(공산주의, 이기주의자)]는 누구든지 **밤낮 쉼을 얻지 못하리라**[마음이 편안할 날이 없다] 하더라

14:12 [111]**성도들의 인내**[성도들도 고난의 길을 감]가 여기 있나니 저희는 **하나님의 계명**[참사랑의 말씀]과 **예수 믿음**[말씀

---

111 예수님이 "먼저 많은 고난을 받으며 이 세대에 버린 바"(눅17:25) 되신 것처럼, 행하는 신앙은 입에는 꿀같이 달지만 배에서는 쓴 것이다(계 10:9~10). 따라서 끝날 성약(成約) 성도들은 어떠한 고난이 부닥쳐오더라도 능히 이를 이기고 견더냄으로서 '하나님의 약속'(히10:36)을 받아야 할 것이다.

중심의 신앙]을 지키는 자니라

14:13 또 내가 들으니 하늘에서 음성이 나서 가로되 기록하라 자금 이후로 [112]**주 안에서 죽는 자들**[주님을 닮아 참사랑의 실체로 사는 자들]은 복이 있도다 하시매 성령이 가라사대 그러하다 저희 **수고를 그치고 쉬리니**[거짓사랑으로 인한 심판을 받지 않으리니] 이는 **저희의 행한 일이 따름이라**[참사랑을 실천했기 때문이라] 하시더라

마지막 수확

14:14 또 내가 보니 **흰구름이 있고**[하나님의 임재와 성도들(축복가정)] 구름 위에 **사람의 아들과 같은 이**[많은 성도(증인)들 가운데 나타나시는 재림주님]가 앉았는데 그 머리에는 [113]**금 면류관**[재림주의 영원불변의 승리와 영광을 상징]이 있

---

112 이제 땅 위에 귀신의 처소요, 사탄의 세력인 바벨론도 무너지게 되고, 6천 년간 고대해 왔던 천국이 지상에 이루어지기 시작했다. 마태복음 18장 18절에 "진실로 너희에게 이르노니 무엇이든지 너희가 땅에서 매면 하늘에서도 매일 것이요 무엇이든지 땅에서 풀면 하늘에서도 풀리리라"라고 했듯이, 지금은 주님과 하나 되어 행하기만 하면 주님의 약속(계22:12)이 이루어지는 때이다.

113 요한계시록 9장 7절에는 무신론 공산주의자들을 상징한 황충이 "금 같은 면류관 비슷한 것을 썼으니"라고 하여 공산주의가 가짜 면류관을 쓰고

고 그 손에는 **¹¹⁴이한 낫**[주님이 추수하는 역사가 시작됨]을 가졌더라

14:15 또 다른 천사가 **성전**[기독교 교회]으로부터 나와 **구름 위에 앉은이**[재림주=참부모]를 향하여 큰 음성으로 외쳐 가로되 네 **낫을 휘둘러 거두라**[참사랑의 말씀을 선포] 거둘 때가 이르러 땅에 **곡식이 다 익었음이로다**[영성의 고조, 말씀 중심의 기독교 사명의 끝] 하니

14:16 구름 위에 앉으신 이가 낫을 땅에 휘두르매 **곡식이 거두어지니라**[기독교 복귀(추수)]

마지막 재난을 가지고 온 천사

14:17 또 다른 천사가 **하늘에 있는 성전**[하늘부모님성회, 참부모

일시적인 승리감과 일시적인 영광을 누릴 것임을 예시한 바 있다.

114 마태복음 4장 26~29절에 "하나님의 나라는 사람이 씨를 땅에 뿌림과 같으니… 열매가 익으면 낫을 대나니 추수 때가 이르렀음이니라"라고 했듯이, 구름 위에 앉은 이가 낫으로 거둔 추수는 금면류관을 쓰신 주님의 뜻에 의한 하늘 편 선과(善果)의 추수를 말한다. 이것은 또한 알곡을 거두는 추수꾼의 낫(마3:12)으로, 주님이 재림하여 하늘이 끝에서 저 끝까지 택하신 자들을 모으시리라(마25:32, 24:31)는 약속의 성취인 것이다.

참사랑교회]에서 나오는데 또한 **이한 낫**[인류를 구원할 참사랑의 말씀]을 가졌더라

14:18 또 불[새 말씀]을 다스리는 다른 천사가 제단으로부터 나와 이한 낫 가진 자를 향하여 큰 음성으로 불러 가로되 네 이한 낫을 휘둘러 **115땅의 포도송이**[하늘의 포도⇔땅의 포도: 하나님의 심정 심판]를 거두라 **그 포 도 가 익 었 느 니 라**[인간의 심성의 발달=자유, 민주주의 성숙] 하더라

14:19 천사가 낫을 땅에 휘둘러 땅의 포도를 거두어 하나님의 **116진노의 큰 포도주**[회개하지 아니하는 자들에 대한 경고] 틀에 던지매

---

115 이사야 5장 2~6절에 극상품(최상품)의 포도나무를 심어 좋은 포도가 맺기를 원했는데 들포도가 맺혔다고 한 말씀을 비추어 보면 극상품의 포도는 하늘의 포도요, 들포도는 땅의 포도를 의미한다. 하늘의 포도는 하나님의 사랑권 안에서 하나님의 심정을 중심으로 본심이 기뻐하는 삶을 사는 사람들을 말하고, 들포도는 사탄이 만들어 놓은 타락한 세상에서 물질을 중심한 부귀영화와 같은 육적인 삶의 기쁨을 추구하며 사는 사람들이다. 그래서 끝날의 심판은 말씀보다는 하나님의 심정의 심판이요, 인격의 심판이 된다.

116 많은 고난을 받으며 이 세대의 버림을 받게 될(눅17:25) 주님의 말씀을 듣고도 깨닫지 못하고 고집부리고 회개치 아니한 자들(롬2:5)에 대한 경고이다. 끝까지 회개치 않으면 진노의 포도주 틀을 밟아야 하는 것이다(사 63:2~6).

14:20 성 밖에서 그 틀이 밟히니[주님의 말씀에 의한 하나님의 심
정의 심판이 세상에도 영향을 미침] 틀에서 피가 나서 **말굴**
레까지 닿았고[세상의 끝(거짓 지도자들)까지 심판을 받음]
[117]**일천 육백 스다디온**[4(사방)x4(사방)x100(완전수)=1,600,
온 땅]에 퍼졌더라

---

117 일천육백 스다디온은 사방성을 의미하는 4수의 자승수에 완전수 100을
곱한 수로, 주님(참부모)에 의해 하나님의 심정의 심판과 구원이 온 세상
땅끝까지 이루어져서, 모든 악이 멸망하고 정화됨을 의미한다. 1스다디
온은 대략 180m이다.

일곱 천사의 일곱 대접 재앙 준비(계15:7)

- 일곱 재앙이 끝나지 않으므로 성전에 들어갈 수 없음[계15:8]
- 만국이 와서 주께 경배[계15:4]

15:1 또 하늘에 크고 이상한 다른 이적을 보매 일곱 천사가 일곱 재앙을 가졌으니 곧 마지막 재앙이라 하나님의 진노가 이것으로 마치리로다

15:2 또 내가 보니 ¹¹⁸불이 섞인 유리 바다[선의 자녀들이 살아

---

118 "'혀는 곧 불'(약3:6), '그 입의 막대기(혀)로 세상을 치며 입술의 기운(말씀)으로 악인을 죽이리라(사11:4)', '여호와의 불은 시온에 있고'(사31:9), '하나님은 소멸하는 불이심이니라'(히12:29), '하나님의 산 호렙에 이르매 여호와의 사자가 떨기나무 불꽃 가운데서 그에게 나타나시니라'(출3:1~2), '여호와께서 그들 앞에 행하사… 밤에는 불기둥으로 그들에게 비추사'(출13:21~22), '시내산에 연기가 자욱하니 여호와께서 불 가운데 거기 강림하심이라'(출19:18), '내 뒤에 오시는 이는… 성령과 불로 너희에게 세례를 주실 것이요'(마3:11)"라고 한 것처럼, 불은 하나님의 성령과 말씀을 의미하며, '불이 섞인 유리 바다'는 하나님의 말씀이 임재하는 세상을 뜻한다.

가는 깨끗하고 거짓 없는 세상] 같은 것이 있고 **짐승과 그의 우상**[사탄, 공산주의, 이기주의자들]과 그의 이름의 수를 이기고 **벗어난 자들**[이타주의자들=타아주의자들]이 유리 바다 가에 서서 **하나님의 거문고**[하나님의 참사랑의 말씀]를 가지고

15:3 하나님의 종 **모세의 노래, 어린 양의 노래**[구약과 신약시대 사람들 모두를 구원하는 참사랑의 말씀]를 불러 가로되 주 하나님 곧 전능하신이시여 하시는 일이 크고 기이하시도다 만국의 왕이시여 주의 길이 의롭고 참되시도다

15:4 주여 누가 **주의 이름을 두려워하지 아니하며 영화롭게 하지**[참부모를 통해서만이 구원받고 영생할 수 있음] 아니하오리이까 오직 주만 거룩하시니이다 **주의 의로우신 일이 나타났으매**[천원궁 천일성전을 통하여 참부모의 의가 인류에게 드러남] **만국이 와서 주께 경배하리이다**[만국의 정상들이 천원궁에 와서 참부모께 경배함] 하더라

15:5 또 이 일 후에 내가 보니 하늘에 [119]증거 장막[하나님을 모시고 예배드리는 곳]의 성전이 열리며

15:6 [120]일곱 재앙[일곱 천사의 나팔]을 가진 일곱 천사가 성전

---

119 증거장막은 이스라엘 민족이 정착하기 전 광야생활 중에 예배드리는 곳이다(출38:21, 민1:50, 10:11, 17:7~8, 18:2, 대하24:6). 따라서 재림 때에도 하나님의 나라가 정착되기 전, 광야노정에서 하나님을 모시고 예배하는 장소를 의미하는 곳으로 볼 수 있다.

120 15장에서는 일곱 천사가 가진 일곱 재앙이 마지막 재앙이며 하나님의 진노는 끝났다고 하였다. 일곱 재앙을 뜻하는 일곱 천사의 나팔에 대한, 계시록 구절과 의미를 정리하면 다음과 같다. ① 첫째 천사의 나팔(계8:1): 공산주의 출현을 예고 ② 둘째 천사의 나팔(계8:8): 큰 산인 러시아가 공산화되므로 세계의 삼분의 일이 공산화되고 방주(方舟)로 비유된 교회가 파괴됨 ③ 셋째 천사의 나팔(계8:10): 신학도인 스탈린이 실족함으로써 하나님을 훼방하고 성령과 성도를 박해하여 교회와 성도들의 파멸과 죽음이 초래됨 ④ 넷째 천사의 나팔(계8:12): 기독교가 반대를 받아 예수와 성신과 성도의 역사가 수난 당하게 됨, 날아가는 독수리가 화, 화, 화가 있을 것을 예고했는데 이는 3차에 걸친 세계대전이 일어날 것을 예고한 것임 ⑤ 다섯째 천사의 나팔(계9:1): 하늘에서 떨어진 별이 하늘을 박해하여 기독 성도들을 탄압하는 모습이다. 무저갱의 열쇠를 받아 해와 공기가 어두워지고, 황충이 전갈의 권세를 받아 다섯 달 동안 괴롭힌다. 이때까지가 첫째 화이다(계9:12). ⑥ 여섯째 천사의 나팔(계9:13): 유브라데에 결박한 천사를 일시적으로 풀어 놓음으로써 선한 하나님 편과 악한 사탄 편의 대접전이 벌어진다. 10장 1~11절과 11장 1~13절은 재림이 있기까지 하나님의 섭리를 설명하고 있는데, 여기까지가 둘째 화에 속한다. 그리고 12장에서는 주님의 재림이, 13장에서는 사탄 편 재림주형의 인물의 출현이, 14장에서는 재림한 어린양과 그 양에 속한 자의 생활이 각각 소개되고 있다. ⑦ 일곱째 천사의 나팔(계11:15): 마지막 일곱째 천사가 나팔을 불 때, 끝날의 하늘의 형편을 말해주고, 15장 7절에서 네 생물 중 하나가 하나님의 진노를 가득히 담은 금대접 일곱을 그 일곱 천사에게 줌으로써 재앙은 모두 끝이 난다.

으로부터 나와 맑고 빛난 **세마포 옷**[성도들의 옳은 행실 (계19:8)]을 입고 가슴에 금띠[하나님의 참사랑의 심정]를 띠고

15:7 네 생물 중에 하나가 **세세에 계신**[영원토론 살아계신] 하 나님의 진노를 가득히 담은 **금대접 일곱**[참사랑의 심정 의 능력]을 그 일곱 천사에게 주니

15:8 하나님의 영광과 능력을 인하여 성전에 연기가 차게 되매 일곱 천사의 **일곱 재앙이 마치기까지는 성전에 능히 들어갈 자가 없더라**[하나님의 나라는 세마포라는 거룩 한 행실의 옷으로 단장한 성도들, 그것도 마지막 아마겟돈 전쟁(계 16:16)에서 승리한 자들만이 들어갈 수 있는 곳이다.]

진노의 일곱 대접 재앙

- 대접 재앙으로 하늘 편이 사탄 편을 심판하심

16:1 또 내가 들으니 성전에서 큰 음성이 나서 일곱 천사에게 말하되 너희는 가서 **하나님의 진노의 일곱 대접**[재림주의 하나님의 참사랑의 말씀]을 **땅에 쏟으라**[땅은 하늘에서 죄를 범한 용이 내쫓긴 곳(계12:9)] 하더라

16:2 첫째가 가서 그 대접을 땅에 쏟으매 악하고 독한 헌데[헌데(종기), 거짓 사랑에 의한 영적, 육적 불치병]가 **짐승의 표를 받은 사람들**[유물 공산주의를 용인하는, 탐심의 노예가 되어버린 사탄의 추종자들]과 그 **우상**[탐심(음란, 부정, 사욕, 악한 정욕)(골3:5)]에게 경배하는 자들에게 나더라

16:3 둘째가 그 대접을 **바다에 쏟으매**[불순종한 죄악세계(사 27:1)] **바다**[전 세계]가 곧 **죽은 자의 피 같이 되니**[공산주의 혁명과 더불어 물질주의와 공산주의에 물듦] **바다 가운데 모든 생물이 죽더라**[인간으로서의 참다운 가치 상실, 영적 죽음]

16:4 세째가 그 대접을 **강과 물 근원에 쏟으매 피가 되더라** [강(시내): 교회(시46:4), 생명의 원천(시36:8), 성령(요7:38), 성결(슥13:1), 일대일의 절대적 사랑을 통한 하나님의 혈통상속]

16:5 내가 들으니 물을 차지한 천사가 가로되 전에도 계셨고 **시방**[지금]도 계신 거룩하신 이여 이렇게 심판하시니 의로우시도다

16:6 저희가 성도들과 선지자들의 피를 흘렸으므로 저희로 피를 마시게 하신 것이 합당하니이다 하더라

16:7 또 내가 들으니 제단이 말하기를 그러하다 주 하나님 곧 전능하신 이시여 심판하시는 것이 참되시고 의로우시도다 하더라

16:8 네째가 그 대접을 해에 쏟으매 **해가 권세를 받아**[해(하늘)의 권세가 회복됨] **불로 사람들을 태우니**[말씀(마3:16, 약3:6)으로 죄악을 태움(렘5:14)]

16:9 사람들이 크게 태움에 태워진지라 이 재앙들을 행하는 권세를 가지신 **하나님의 이름**[하늘부모님 실체부모, 참부모]을 훼방하며 또 회개하지 아니하고 영광을 주께 돌리지 아니하더라

16:10 또 다섯째가 그 대접을 **짐승의 보좌**[사탄의 모든 잔재: 공산진영, 민주진영, 교회]에 쏟으니 그 나라가 **곧 어두워지며**[자본주의의 모순과 공산주의 몰락에 따른 사상의 공백] 사람들이 아파서 **자기 혀를 깨물고**[정체성 혼란으로 인한 고통]

16:11 **아픈 것과 종기로 인하여**[공산과 민주, 양 진영의 몰락 후의 세계적인 가치관의 혼돈 현상으로 인하여] **하늘의 하나님을 훼방하고**[참부모의 말씀과 참사랑 운동에 순종하지 않아] **저희 행위**[비원리적 행위]를 회개치 아니하더라

16:12 또 여섯째가 그 대접을 **큰 강 유브라데에**[유브라데(전쟁

터, 렘46:10~14), 하나님 편과 사탄 편의 마지막 결전장] **쏟으매**
강물이 말라서[교회(강물=교회, 시36:8, 65:9, 요7:38)의 은혜
가 사라짐] **동방에서 오는 왕들의 길이 예비되더라**[하나
님의 참사랑만이 남음, 끝날에는 예언도 폐하고 방언도 그치고 지
식도 폐하게 된다(고전13:8~10)]

16:13 또 내가 보매 **개구리 같은**[유대인들은 개구리를 부정한 동
물로 여김] **세 더러운 영이**[사탄과 세상권력이 연합한 동방의
임금들(러시아, 중국, 북한)] **용의 입과 짐승의 입**[용(소련)과
짐승(북한)의 거짓 이론(계13:11)]과 **거짓 선지자**[스탈린, 모택
동, 카스트로, 김일성 등]의 입에서 나오니

16:14 **저희는 귀신의 영**[그들은 사탄의 속성에 사로잡힌 자들]이라
이적을 행하여 온 천하 임금들에게 가서 하나님 곧
전능하신 이의 큰 날에 전쟁을 위하여 **그들을 모으더**
라[용과 짐승과 거짓 선지자의 연합전선 구축]

16:15 보라 내가 도적 같이 오리니 누구든지 **깨어 자기 옷**
을 지켜[세상의 거짓에 현혹되지 않고 양심을 지킴] 벌거벗고
다니지 아니하며 자기의 **부끄러움을 보이지 아니하는**

자[양심의 가책을 받지 않고 사는 자]가 복이 있도다

16:16 세 영이 히브리 음으로 **[121]아마겟돈**이라 하는 곳[하나님 (참부모)과 사탄(거짓 부모)의 마지막 전쟁터]으로 왕들을 모 으더라

16:17 일곱째가 그 대접을 **공기 가운데 쏟으매**[공중 권세를 갖 고 있는 사탄(엡2:2)에 대한 마지막 형벌, 천심원 정성] 큰 음성 이 성전에서 보좌로부터 나서 가로되 **되었다 하니**[악 의 세력에 대한 하나님의 마지막 심판]

16:18 **번개와 음성**[하나님의 신비한 능력(삼하22:14~15, 시97:4)]들 과 **뇌성**[하나님의 진노와 형벌]이 있고 또 큰 지진이 있어 어찌 큰지 사람이 땅에 있어 옴으로 이같이 큰 지진 이 없었더라

16:19 **큰 성**[사탄이 만든 성]이 **세 갈래로 갈라지고**[공산주의의 분 열] **만국의 성들**[남미 등의 공산주의 국가들]도 무너지니 큰 성 바벨론이 하나님 앞에 기억하신바 되어 그의

---

121 아마겟돈 전쟁에서의 승리(계19:17~21)

맹렬한 **진노의 포도주 잔을 받으매**[사탄의 사상(공산주의, 계14:8)의 종주국 소련이 사라짐]

16:20 각 섬도 없어지고 산악도 간데 없더라[사탄이 죄악의 피난처(각 섬, 산악)를 찾지 못하고 끝장이 남(창14:10, 마24:16, 눅 23:30, 계6:16)]

16:21 또 중수(重數)[무게]**가 한 달란트**[30kg]**나 되는 [122]큰 우박**[하나님의 심판]**이 하늘로부터 사람들에게 내리매 사람들이 그 박재(雹災)**[우박의 재앙]**로 인하여 하나님을 훼방하니 그 재앙**[하나님을 받아들이지 않는 불신의 마음]**이 심히 큼이러라**

---

122 우박은 형벌(출9:22~34, 10:5, 시78:47)과 백성의 죄에 대한 징계(시 105:32, 학2:17), 즉 하나님의 심판을 이르는 말이다.

큰 음녀에게 내릴 심판

- 17장은 대접 재앙[16장]을 통해서, 음녀[사탄, 붉은 용]과 짐승[공산당]을 멸망시키는 내용[계17:16]

17:1 또 **일곱 대접**[주님의 하나님의 참사랑의 말씀]을 가진 일곱 천사 중 하나가 와서 내게 말하여 가로되 이리 오라 **많은 물위에 앉은 큰 음녀**[물: 음란의 우두머리(사탄)↔하늘 (렘2:13), 성령(요7:38~39), 정화수(겔16:4, 히10:22)]의 받을 심판을 네게 보이리라

17:2 땅의 임금들도 그로[사탄과] 더불어 음행하였고 땅에 거하는 자들도 그 **음행의 포도주**[음란의 속성(단말마적 쾌락)]에 취하였다 하고

17:3 곧 성령으로 나를 데리고 광야로 가니라 내가 보니

여자[음녀]가 **붉은 빛 짐승**[공산주의자: 붉은 말(계6:3)]을 탔는데 그 **짐승의 몸**[육신의 쾌락을 중심삼고]에 **참람된**[하나님을 모독하는] 이름들이 가득하고 **일곱 머리와 열 뿔**[공산주의의 위세(음란)가 세력을 이루어 대단함]이 있으며

17:4 그 여자는 **자주 빛과 붉은 빛 옷을 입고 금과 보석과 진주**[사탄의 자식들(공산주의자들)이 음란한 성적 쾌락을 위하여 그 대가로 하여 제공하는 것들]로 꾸미고 **손에 금잔**[사탄의 핵심 속성(음란)⟷주님 말씀]을 가졌는데 **가증한 물건**[우상숭배로 얻은 가증한 물건]과 그의 **음행의 더러운 것들**[음행하게 하는 악한 영들]이 가득하더라

17:5 그 이마에 이름이 기록되었으니 **비밀이라**[음란(사탄의 정체)을 숨김], **큰 바벨론이라**[유대인에 있어서 우상숭배(음란)의 상징], **땅의 음녀들과 가증한 것들의 어미**[사탄은 음란과 관련된 우상숭배의 어미와 같은 존재]라 하였더라

17:6 또 내가 보매 이 **여자**[음녀]가 **성도들의 피와 예수의 증인들의 피에 취한지라**[사탄이 피를 섞기를 가장 좋아하는 것은 예수님을 믿고 따르는 성도와 제자들] 내가 그 여자를

보고 기이히 여기고 크게 기이히 여기니

17:7 천사가 가로되 왜 기이히 여기느냐 내가 여자와 그의 탄바 **일곱 머리와 열 뿔 가진 짐승의 비밀**[소련의 '일곱 머리'의 권력 구조와 소련의 '열 뿔'의 지도자(12장 3절 주석 참조)]을 네게 이르리라

17:8 네가 본 짐승은 전에 있었다가 시방 없으나 장차 **무저갱**[음부로 생긴 지옥]으로부터 올라와 **멸망으로 들어갈 자니**[음란으로 생긴 사탄세계(지옥)의 종말] **땅에 거하는 자들**[사탄세계에서 살다간 인간들]로서 창세 이후로 **생명책**[하나님의 생명권]에 **녹명**[기록]되지 못한 자들이 **이전에 있었다가 시방 없으나**[그 정체가 밝혀지지 않다가] **장차 나올 짐승을 보고**[사탄의 정체를 알게 됨] 기이히 여기리라

17:9 지혜 있는 뜻이 여기 있으니 그 일곱 머리는 **여자가 앉은 일곱 산**[사탄이 음란으로 다스리던 세상의 권세(로마제국, 전체주의, 공산주의 등)]이요

17:10 또 일곱 왕이라 다섯은 망하였고 **하나는 있고 다른 이**
는[음녀로 부터 출현한 공산주의 사상으로 인하여 인본주의도 음
란에 빠짐] 아직 이르지 아니하였으나 이르면 반드시
잠깐 동안 계속하리라

17:11 전에 있었다가 시방 없어진 짐승은 여덟째 왕이니 일
곱 중에 속한 자라 저가 멸망으로 들어가리라

17:12 네가 보던 **열 뿔은 열 왕이니**[10수는 완성수=사탄권세의 득
세, 주님의 말씀을 거역하는 무리들] **아직 나라를 얻지 못하**
였으나[세계를 완전히 하나의 사탄(악의) 세계로 만들지는 못함]
다만 짐승으로 더불어 임금처럼 **권세를 일시 동안 받**
으리라[일시적으로 권세를 누리지만 오래 가지 못하고 망함]

17:13 저희가 한 뜻을 가지고 **자기의 능력과 권세를 짐승에**
게 주더라[공산주의를 지지하는 나라들이 자기들의 권세를 공
산 종주국(소련)에 맡김]

17:14 저희가 어린 양으로 더불어 싸우려니와 어린 양은 **만**
주의 주[영적 지도자 중에 가장 높은 분]시요 만왕의 왕이시

므로 저희를 이기실 터이요 또 그와 함께 있는 자들[세계 60여 개국의 승공연합 회원들] 곧 부르심을 입고 **빼내심을 얻고 진실한 자들은 이기리로다**[1990년 4월 11일 재림주 참부모는 사탄이 세운 우두머리 고르바초프를 만나 무신론적 유물론을 포기할 것을 주장]

17:15 또 천사가 내게 말하되 네가 본바 **음녀의 앉은 물**[사탄의 거짓사랑(음란)의 영향력]은 백성과 무리와 열국과 방언들이니라

17:16 네가 본바 이 **열 뿔과 짐승이 음녀를 미워하여 망하게 하고**[사탄(음란)을 중심한 인간관계는 이기심에 의해 서로 배신함으로써 결국 파탄을 가져온다.] 벌거벗게 하고 그 살을 먹고 불로 아주 사르리라

17:17 하나님이 자기 뜻대로 할 마음을 저희에게 주사 **한 뜻**[하나님의 나라]을 이루게 하시고 **저희 나라를 그 짐승에게 주게 하시되**[하나님의 나라로부터 나오는 참사랑을 악의 세력(소련, 중국, 북한 등)에 투입함] **하나님 말씀이 응하기까지**[하나님의 말씀을 통한 참사랑의 기쁨에 감사할 때까지] 하심

이니라

17:18 또 네가 본바 **여자**[음녀(사탄)]는 **땅의 임금들**[사탄세계의
우두머리들]을 다스리는 **큰 성**[사탄의 지성소(소련 공산당)]
이라 하더라

바벨론의 패망

- 18장은 대접 재앙(16장)을 통해서, 음행하고 사치하던 땅의 왕들과 견고한 성 바벨론이 심판을 받음(계18:8~10)
- 타락한 윤리 도덕, 우상(물신) 숭배, 퇴폐적인 물질만능중심의 자본주의가 멸한다는 내용

18:1 이 일 후에[음녀가 받을 심판을 보여준(17장) 이후에] 다른 천사가 하늘에서 내려오는 것을 보니 큰 권세를 가졌는데 그의 영광으로 땅이 환하여지더라[주님이 짐승(음란 사탄)에게 승리한 이후 하늘권세가 현저하게 나타난다.]

18:2 힘센 음성으로 외쳐 가로되 **무너졌도다 무너졌도다** [공산주의 붕괴와 더불어 축복결혼과 순결운동으로 음란 사탄의 큰 성이 무너짐] 큰 성 바벨론이여 귀신의 처소와 각종 더러운 영의 모이는 곳과 각종 **[123]더럽고 가증한 새**[솔

---

123 새는 하늘 편 해석으로 하늘의 역사와 성령을 비유하지만(마3:16, 13:32, 6:26), 여기에서의 '각종 더럽고 가증한 새'는 창세기 15장 11절에서 솔개를 사탄의 역사에 비유한 것처럼 악령을 상징한다.

개, 사탄에 비유한 악령(창15:11)]의 모이는 곳이 되었도다

18:3 그 음행의 진노의 포도주[하나님에 대한 불신과 부정(렘 3:3~9, 2:20~25), 물신숭배와 향락에 빠진 사탄의 추종자들]를 인하여 만국이 무너졌으며 또 **땅의 왕들이**[권력자와 사탄의 추종자들] 그로 **더불어 음행**[향락과 불순종에 빠짐]하였으며 땅의 상고들도 그 **사치의 세력**[물질만능의 퇴폐적 자본주의]을 인하여 치부하였도다 하더라

18:4 또 내가 들으니 하늘로서 다른 음성이 나서 가로되 내 백성아, **거기서 나와**[유물론(물질만능사상)에서 벗어나] 그의 죄[음란과 사치의 죄]에 참예하지 말고 그의 받을 재앙들을 받지 말라

18:5 그 죄는 하늘에 사무쳤으며 하나님은 그의 불의한 일을 기억하신지라

18:6 **그가 준 그대로 그에게 주고**[탕감이 없이는 죄를 갚을 수가 없다(동일한 탕감)] 그의 행위대로 **갑절을 갚아주고**[가중된 탕감] 그의 섞은 잔에도 갑절이나 섞어 그에게 주라

18:7 그가 어떻게 자기를 영화롭게 하였으며 사치하였든지 그만큼 고난과 애통으로 갚아 주라 **그가 마음에 말하기를 나는 여황으로 앉은 자요**[유물론을 믿고 교만해져서 하나님의 심판도 두려워함이 없이 자만하는 자] **과부가 아니라 결단코 애통을 당하지 아니하리라 하니**[하나님의 나라가 볼 수 있게 임하지 않듯이(눅17:20), 타락한 세상도 눈으로 확연히 보이지 않는 가운데 망함(사47:8~11)]

18:8 그러므로 **하루 동안에**[주님이 오시고 순식간에] 그 **재앙들이**[음란, 물질만능주의에 의한 재앙] 이르리니 곧 사망과 애통과 흉년이라 **그가 또한 불에 살라지리니**[음녀들이 하는 음란과 물질만능주의가 주님의 말씀에 의해 부정당함] 그를 **심판하신 주 하나님은 강하신 자**[주님의 참사랑의 말씀이 음란과 물질만능주의로 사는 인간들을 심판하게 됨]이심이니라

18:9 **그와 함께**[적 그리스도와 함께] 음행하고 사치하던 땅의 왕들이 **그 불붙는 연기**[주님의 참사랑의 말씀에 의해 심판을 당함]를 보고 **위하여 울고 가슴을 치며**[그들이 음란과 물질을 중심한 부귀영화를 마음껏 못 누리는 것을 애통해 하며]

18:10 그 고난[음란과 물질을 잃는 것]을 무서워하여 멀리 서서 가로되 화 있도다 화 있도다 큰 성, **견고한 성 바벨론**[음란과 물질만능주의가 판치는 국가들]이여 **일시간에 네 심판**[짧은 기간에 많은 심판]이 이르렀다 하리로다

18:11 땅의 **상고**[상인]들이 그를 위하여 울고 애통하는 것은 다시 그 **상품**[음란과 사치를 위한 상품]을 사는 자가 없음이라

18:12 그 상품은 금과 은과 보석과 진주와 세마포와 자주 옷감과 비단과 붉은 옷감이요 각종 향목과 각종 상아 기명이요 값진 나무와 진유와 철과 옥석으로 만든 각종 **기명**[그릇]이요

18:13 계피와 향료와 향과 향유와 유향과 포도주와 감람유와 고운 밀가루와 밀과 소와 양과 말과 수레와 종들[노예]과 **사람의 영혼들**[영혼을 파는 사람들=창녀, 창남]이라

18:14 바벨론아 **네 영혼의 탐하던 과실이 네게서 떠났으며**
[축복가정: 음란한 행위나 물질만능을 위하여 자신의 영혼을 팔지

않음] 맛있는 것들과 빛난 것들이 다 없어졌으니 사람들이 결코 이것들을 다시 보지 못하리로다

18:15 바벨론을 인하여 치부한 이 상품의 상인들이 그 **고난을 무서워하여**[음란이나 물질의 욕망을 채우지 못하는 데서 오는 두려움] 멀리 서서 울고 애통하여

18:16 가로되 화 있도다 화 있도다 큰 성이여 세마포와 자주와 붉은 옷을 입고 금과 보석과 진주로 꾸민 것인데

18:17 그러한 **부가 일시간에 망하였도다**[공생이 이루어져서 부를 통한 음란을 못하게 되었다.] 각 선장과 각처를 다니는 선객들과 선인들과 바다에서 일하는 자들이 멀리 서서

18:18 그가 불타는 연기를 보고 외쳐 가로되 이 큰 성과 같은 성이 어디 있느뇨 하며

18:19 티끌을 자기 머리에 뿌리고 울고 애통하여 외쳐 가로

되 화 있도다 화 있도다 이 큰 성이여 바다에서 배 부리는 모든 자들이 너의 보배로운 상품을 인하여 치부하였더니 일시간에 망하였도다

18:20 하늘과 성도들과 사도들과 선지자들아 **그를 인하여** [재림주를 통하여] 즐거워하라 하나님이 너희를 **신원하시는 심판을 그에게 하셨음이라**[재림주에게 하나님의 참사랑의 말씀을 통하여 심판을 하게 하셨다.] 하더라

18:21 이에 한 힘센 천사가 [124]**큰 맷돌 같은 돌을 들어 바다에 던져 가로되**[큰 맷돌이 바다에 가라앉은 후에는 다시 뜰 수 없듯이 성 바벨론이 영원히 멸망함] 큰 성 바벨론이 이같이 몹시 떨어져 결코 다시 보이지 아니하리로다

---

124 맷돌은 당시 유대인들의 생활필수품이었기에 빚이 있어도 담보로 잡을 수 없게 법으로 정할 정도로 생명시 하였다(신24:6). 예레미야 25장 10절에서도 바벨론 왕 느부갓네살에게 유대 백성을 치게 하실 때에 "기뻐하는 소리와 즐거워하는 소리와 신랑의 소리와 신부의 소리와 맷돌소리와 등불 빛이 끊어지게 하리니"라고 하면서, 이어 12절에서 "죄악으로 말미암아, 벌하여 영원히 폐허가 되게 할 것"이라고 했듯이, 큰 성 바벨론이 힘센 천사에 의해 자취도 없이 영구적으로 망하게 될 것을 예시하고 있다.

18:22 또 [125]거문고 타는 자[세속적인 세상의 향락]와 풍류하는 자와 퉁소 부는 자와 나팔 부는 자들의 소리가 결코 다시 네 가운데서 들리지 아니하고 물론 어떠한 [126]세공업자[우상을 제작하는 자]든지 결코 다시 **네 가운데서 보이지 아니하고**[악으로 치닫는 세속적이고 저속한 일체의 향락이 없어짐] 또 **맷돌 소리**[우상을 만드는 소리]가 결코 다시 네 가운데서 들리지 아니하고

18:23 [127]등불 빛[생명, 구원의 빛]이 결코 다시 네 가운데서 비취지 아니하고 **신랑**[주님(참아버지)]과 **신부**[성신(참어머니)]의 음성이 결코 다시 네 가운데서 들리지 아니하리로다 너의 상인들은 땅의 왕족들이라 네 **복술을 인하여 만국이 미혹되었도다**[점을 쳐서 음란한 행위를 했던

---

125 계시록 5장 8절에서는 그리스도에 대한 천상의 찬미소리로 표현되고 있지만, 여기서는 세속화된 세상의 향락을 뜻한다. 풍류하는 자나 퉁소와 나팔 부는 자도 같은 의미이다.

126 세공업자는 우상을 제작하거나 퇴폐적인 향락도구를 만드는 자의 상징적인 표현이다.

127 그리스도는 세상의 생명(요1:6~9, 8:12)과 하나님의 영광의 등불(계21:23), 계명은 삶의 등불(잠6:23)이라는 성경의 표현처럼, 이 등불은 밝고 좋은 의미의 등불이다. 하나님의 뜻이 이루어진 세계는 만민이 모두 하나님이 해 같은 은혜를 받아 하나님과 심정의 일치를 이룬 하나님의 성전이 되고(고전3:16), 그리스도를 닮은(요15:5) 참사랑의 실체가 된다(요14:20).

것이 만국을 미혹했다.]

18:24 선지자들과 성도들과 및 땅 위에서 죽임을 당한 모든 자의 피[하나님께서는 성도들이 흘린 순교의 피를 반드시 보상하신다.]가 이 성중에서 보였느니라 하더라

어린양의 혼인 잔치(지상 천일국 건설)와
아마겟돈 전쟁

- 19장과 20장은 음녀와 바벨론을 멸한 후, 어린양 잔치를 통한 천
  년 왕국 건설
- 어린 양의 아내가 예비되어 혼인 잔치가 이루어짐[계:7~9]
[129]아마겟돈 전쟁에서 재림주 참부모께서 승리하심[계19:14~21]

19:1 **이 일 후에**[16~18장: 음녀인 짐승(공산주의)과 열왕의 패망 후]
내가 들으니 하늘에 허다한 무리의 큰 음성 같은 것
이 있어 가로되 **할렐루야 구원과 영광과 능력이 우리**
하나님께 있도다[소련이 해체된(1991.12.26) 후 문선명 한학자
내외가 세계지도자들에게 참부모선포(1992.8.24)를 함으로서 하
나님의 구원과 영광과 능력이 세상에 나타남]

---

128 19장부터 22장까지는 성약시대, 천일국시대의 섭리 안착을 예시한다. 특
히 19과 20장은 재창조 섭리의 장으로서 지상천국과 천상천국 건설에 대
하여 예시한다.

129 요한계시록 16장 16절에서 예시한 대로, 만왕의 왕 만주의 주(계19:16)되
시는 재림주 참부모께서, 백마를 탄 하늘 군대(계9:14, 축복가정)를 이끌
고, 예리한 검과 철장(참사랑의 새말씀, 계19:15)으로, 사탄과의 마지막
아마겟돈 전쟁(계19:17~21)에서 승리하신다.

19:2 그의 심판은 참되고 의로운지라[하나님은 공의의 하나님이시므로, 주님의 심판이 공정하실 것임을 찬양함] 음행으로 땅을 더럽게 한 큰 음녀[사탄(루시엘)]를 심판하사 **130**자기 종들의 피[순교자들의 피(계6:9~11)]를 그의 손에 갚으셨도다[하나님이 해원해 주심] 하고

19:3 두 번째 가로되 **131**할렐루야 하더니 그 연기가 세세토록 올라가더라[모든 인간의 기도가 하나님께 상달되고, 인간의 소원에 자비롭게 응답해 주시는 하나님의 공의로움을 보여준다.]

19:4 또 이십 사 장로[목자들의 대표]와 네 생물[피조물 대표]이 엎드려 보좌에 앉으신 하나님께 경배[하나님 왕권즉위식 (2001년 1월 13일): 하나님이 6천년만에 보좌에 앉으심]하여 가로되 아멘 할렐루야 하니

---

130 계시록 6장 9~10에서 다섯째 인을 떼실 에 자신들의 피를 신원해 주지 아니 하시기를 어느 때까지 하겠느냐고 애원하던 그 영인들이 흘린 피를 의미한다. 그 영인들의 희생의 피를 이제 신원해 갚아 주셨다는 뜻이다.
131 시편 141편 2절의 "나의 기도가 주의 앞에 분향함과 같이 되며", 요한계시록 8장 4절의 "향연이 성도의 기도와 함께 천사의 손으로부터 하나님 앞으로 올라가는지라"라는 성구는 인간의 기도가 공의의 하나님께 상달됨을 나타낸다.

19:5 보좌에서 음성이 나서 가로되 하나님의 종들 곧 그를 경외하는 너희들아 무론대소하고 다 우리 하나님께 찬송하라 하더라

19:6 또 내가 들으니 허다한 무리의 음성도 같고 많은 물소리도 같고 큰 뇌성도 같아서 가로되 할렐루야 **주 우리 하나님 곧 전능하신 이가 통치**[천일국 기원절 선포 (2013년 천력 1월 13일): 하나님이 직접 통치하심]하시도다

19:7 우리가 즐거워하고 크게 기뻐하여 그에게 영광을 돌리세 **어린 양의 혼인 기약**[천일국 기원절 입적 축복식(2013년 천력 1월 13일)]이 이르렀고 그 **아내가 예비하였으니**[실체 성령 독생녀 참어머님을 예비하심]

19:8 그에게 허락하사 빛나고 깨끗한 세마포를 입게 하셨은즉 이 세마포는 **성도들의 옳은 행실**[주님과 하나된 성도들의 옳은 행실의 징표]이로다 하더라

19:9 천사가 내게 말하기를 기록하라 **어린 양의 혼인 잔치** [천일국 기원절 입적 축복식: 실체적 천일국 시작, 천일국국민증 발

급]에 **청함을 입은 자들이 복이 있도다**[참부모와 함께 대
환란을 통과한 14만 4천 무리] 하고 또 내게 말하되 이것은
하나님의 참되신 말씀이라 하기로

19:10 [132]내가[요한] 그 발[천사] 앞에 엎드려 경배하려 하니
그가[천사] 나에게 말하기를 나는 너와 및 예수의 증거
를 받은 네 형제들과 같이 된 종이니 삼가 그리하지
말고 오직 하나님께 경배하라 예수의 증거는 **대언의
영**[하나님의 말씀을 증거하는 영]이라 하더라

백마를 탄 자

19:11 또 내가 하늘이 열린 것을 보니 보라 백마와 **탄 자**[재
림주(계12:5~6)]가 있으니 그 이름은 충신과 진실이라

---

132 "모든 천사는 섬기는 영"(히1:1~14) 즉, "여호와에게 시중들며 그 뜻을 행
하는 천군"(시103:21)으로서 하나님의 종의 입장이다. 반면에 인간은 하
나님의 형상대로 창조되었고(창1:26~30), 하나님의 생기를 받아 생령이
되었다고 하였다(창2:7). 또한, '아담을 오실 자(주님)의 표상'(롬5:14)이라
고 하였고, 예수님을 '마지막 아담'(고전15:45)으로서 "이는 내 사랑하는
아들이요 내 기뻐하는 자라"(마3:17)고 하신 것처럼 만약 아담과 해와가
불순종하지 않았다면 인간은 누구나 하나님의 자녀의 위치를 지킬 수가
있었다. 즉 인간은 하나님의 자녀의 입장이고, 천사는 하나님과 그 자녀
인 인간의 종의 입장인 것이다. 그래서 천사는 오직 하나님께 경배하라고
말한 것이다(계22:9).

그가 공의로 심판하며[하나님의 원대로 이루어지는 어린 양의 공의의 심판(요5:30)] **싸우더라**

19:12 **133**그 눈이 불꽃 같고[재림주는 하나님의 눈으로 천하를 감찰(계2:18)] 그 **134**머리에 많은 면류관[재림주는 만고(萬苦)의 승자]이 있고 또 이름 쓴 것이 하나가 있으니 **135**자기 밖에 아는 자가 없고[하나님과 재림주만이 아는 인류를 하나 되게 하는 사랑의 대역사]

19:13 또 그가 피 뿌린 옷을 입었는데[재림주는 전 인류를 하나님의 아들딸로 거듭나게 하는 하나님의 참사랑의 능력을 입었음(벧전1:3, 요3:3)] 그 이름은 하나님의 말씀이라[하나님의 참사랑의 실체 말씀(요1:14)] 칭하더라

---

133 "귀를 지으신 자가 듣지 아니하시랴 눈을 만드신 이가 보지 아니하시랴"(시편94:9~10), "하나님이 그 길을 깨달으시며 있는 곳을 아시나니 이는 그가 땅끝까지 감찰하시며 온 천하를 두루 보시며"(욥28:23~24)와 같이 하나님의 영이 함께 하시는 재림주도 천하만사를 감찰하시는 통찰력과 인간의 심령을 꿰뚫어보시는 혜안을 지니신 분이다.

134 재림주는 "이 세대에 버림받고 고난받는 자리에서 승리하시는 분이시니"(눅17:25), 그는 만고지승자(萬苦之勝者)로서 영고지왕자(榮高之王者)가 되시는 분이다.

135 이사야 9장 6절에 "그 어깨에는 정사를 메었고 그 이름은 기묘자라 모사라 전능하신 하나님이라 영존하신 아버지라 평강의 왕이라 할 것임이라"고 기록된 대로 어린 양은 만왕의 왕이요 만주의 주이시다(계19:16).

19:14 하늘에 있는 군대들[참사랑의 실체를 이룬 하늘 편 군대(축복 가정)]이 희고 깨끗한 세마포를 입고 백마를 타고 그를 따르더라

19:15 그의 입에서 **136**이한 검[참사랑의 새 말씀]이 나오니 그것으로 만국을 치겠고 친히 저희를 **철장**으로 **다스리며** [말씀으로 그릇됨을 바로 잡음(시2:9, 계12:5)] 또 친히 하나님 곧 전능하신 이의 맹렬한 **137**진노의 포도주 틀을 밟겠고[사탄의 독을 내는 포도나무(신32:32~33, 계14:8), 즉, 사탄세계의 환경권을 척결함]

19:16 그 옷과 그 다리에 이름 쓴 것이 있으니 만왕의 왕이요 만주의 주라 하였더라

---

136 재림주는 만국을 치고 사람을 심판하시는데 실제의 날카로운 칼로써가 아니라, 하나님의 새 말씀(히4:12)으로부터 나오는 입의 기운(살후2:8)과 입술의 막대기(사11:4)로 불의를 치고 기존의 낡은 종교와 사상을 새롭게 정립하시는 것이다.

137 포도나무는 원래 예수 그리스도를 뜻한다(요15:1, 15:5). 그러나 여기에서의 포도나무는 신명기 32장 32~33절의 기록처럼 독사의 악독, 즉 사탄의 독을 내는 포도나무이다. 그리고 그것을 밟는다고 했으니 사탄의 사상의 근원을 송두리째 쓸어버리겠다는 뜻이다.

19:17 또 내가 보니 **¹³⁸한 천사가 해에 서서**[하나님의 은혜와 능력 가운데에 선 천사] **¹³⁹공중에 나는 모든 새**[세속화된 인간들을 멸하는 새(성령)]를 향하여 큰 음성으로 외쳐 가로되 와서 하나님의 큰 잔치에 모여

19:18 **왕들의 고기**[권력욕에 사로잡힌 권력 신봉자]**와 장군들의 고기**[싸움으로 권력을 잡은 자들]**와 장사들의 고기**[물질만능주의에 사로잡힌 모리배들]**와 말들과 그 탄 자들의 고기**[지식을 파는 세속적인 사상가(네 말들)]**와 자유한 자들**[세류에 물든 방탕자들]**이나 종들이나**[세상권세의 추종자들] **무론대소하고**[작은 자나 큰 자나] **모든 자의 고기를 먹으라**[이들 모두를 멸하라] 하더라

19:19 또 내가 보매 그 짐승과 땅의 임금들과 그 군대들이 모여 그 말 탄 자와 그의 군대로 더불어 전쟁을 일으키다가

---

138 앞서 12장 1절에서 설명했듯이, 해는 하나님의 은혜와 능력을 상징한다 (시84:11, 말4:2). 따라서 '천사가 해에 섰다'는 것은 하나님의 은혜와 능력 가운데에 선 천사를 가리킨다.

139 18장 2절의 '각종 더럽고 가증한 새'는 사탄의 역사, 즉 '악령'의 뜻인데 반하여, 이 새는 하나님의 보호를 받아, 사탄을 추종하는 세속화된 인간들을 멸하는 '성령'을 의미한다.

19:20 짐승이 잡히고 그 앞에서 이적을 행하던 거짓 선지자도 함께 잡혔으니 이는 짐승의 표를 받고 그의 우상에게 경배하던 자들을 이적으로 미혹하던 자라 이 둘이 산채로 **유황불 붙는 못에 던지우고**[지옥에 던져짐 (계20:10), 더 이상 설 자리가 없어 사라짐]

19:21 그 나머지는 **말 탄 자**[재림주]**의 입으로 나오는 검에 죽으매**[하나님의 참사랑의 새 말씀에 의해 전도됨] **모든 새**[영계의 영인들]**가 그 고기로 배불리우더라**[해원축복을 받음]

천년 왕국과 사탄의 패망

- 생명책에 기록된 자[계20:12, 15], 즉 부부간의 절대적 일대일의 사랑을 통하여 가정 천국을 이룬 자만이 천년 동안 왕노릇 함[계20:4]
- 영적 세계에서는 곡과 마곡의 전쟁을 승리하면서[계20:8~9, 11], 죽은 자들이 자기 행위를 따라 흰 보좌에 앉으신 이의 심판을 받음[계20:12~13]

20:1 또 내가 보매 천사가 **무저갱 열쇠**[지옥문을 여는 열쇠]와 큰 쇠사슬을 그 손에 가지고 하늘로서 내려와서

20:2 [140]**용을 잡으니**[사탄(루시엘)의 정체를 밝힘] 곧 옛 뱀이요 마귀요 사단이라 잡아 **천년 동안 결박하여**[예수님에 의해 영적인 구원을 받은 기독교에게는 활동을 못함]

---

140 이 용은 온 천하를 꾀는 자요(계12:9), 마지막 날에 아이를 낳은 여자(한국)를 핍박하게 하던 그 용이다(계12:13). 더욱이 이 용은 공중 권세를 잡고(엡2:2) 있기 때문에 인간들은 자신들이 원치 않는 전쟁을 하면서도 그 이유를 알지 못하고 살아왔다. 그러나 재림주님이 이 땅에 오시면 새 말씀을 통해 사탄의 정체가 명백히 드러나게 된다.

20:3 무저갱에 던져 잠그고 그 위에 인봉하여 **천년이 차도록**[초림~재림(기독교 2천년)] 다시는 만국을 미혹하지 못하게 하였다가 **그 후에는 반드시 잠간 놓이리라**[하나님은 사탄(누시엘)까지도 회개 시켜 본연의 자리로 돌아가도록 42달 동안(계13:5) 해방해 줌]

20:4 또 내가 보좌들을 보니 거기 앉은 자들이 있어 심판하는 권세를 받았더라 또 내가 보니 예수의 증거와 하나님의 말씀을 인하여 **목 베임**[순교]을 받은 자들의 영혼들과 또 **짐승과 그의 우상에게 경배하지도 아니하고**[우상숭배=음행&물욕(겔16:15~22, 겔23:1~24:14), 음란이나 물욕에 사로잡히지 않는 삶을 살아] 이마와 손에 그의 표를 받지도 아니한 자들이 살아서 **그리스도로**[초림 독생자 예수님] 더불어 **천년 동안**[재림할 때까지 2천년간] **왕노릇**[영적 구원] 하니

20:5 (그 나머지 죽은 자들[첫째 부활에 참여하지 못한 자들]은 그 **천년이 차기까지**[예수님이 재림할 때까지] 살지 못하더라) 이는 **첫째 부활이라**[순교자, 우상숭배 아니 한 자들의 부활]

20:6 이 첫째 부활에 참예하는 자들은 복이 있고 거룩하
도다 **둘째 사망**[재림주와 하나되지 못한 자들은]이 그들을
[첫째 부활을 한 자들] 다스리는 권세가 없고 도리어 **그들**
이[첫째 부활을 한 자들] 하나님과 그리스도의 제사장이
되어 천년 동안 그리스도로 더불어 왕노릇 하리라

사탄의 패망

20:7 **천년이 차매**[예수의 재림] 사단이 그 **옥**[무저갱, 지옥]에서
놓여

20:8 나와서 **땅의 사방 백성 곧 곡과 마곡**[하나님을 대적하지만
결국 패배할 마곡 땅의 왕들(겔38~39장)]을 미혹하고 모아
싸움을 붙이리니 그 수가 바다 모래 같으리라

20:9 그들이 지면에 널리 퍼져 성도들의 진과 사랑하시는
성을 두르매 **하늘에서 불이 내려와**[주님의 하나님의 참사
랑의 말씀을 통하여(불=말씀 약3:6, 히12:29)] **그들을 소멸하**
고[세상의 왕들을 소멸시키고]

20:10 또 그들을 미혹하는 마귀가 **불과 유황 못에 던지우니** [지옥에 던져짐(계19:20), 더 이상 설 자리가 없어 사라짐] 거기는 그 짐승과 거짓 선지자도 있어 세세토록 밤낮 괴로움을 받으리라

크고 흰 보좌에서 심판을 내리시다

20:11 또 내가 **크고 흰 보좌**[하나님의 권능을 받은 자리]**와 그 위에 앉으신 자를 보니**[만국을 철장으로 다스릴 심판주시며 만왕의 왕이신 어린 양(계12:5)] **땅과 하늘이**[땅과 하늘을 주관하는 사탄의 주권이] 그 앞에서 **피하여 간데 없더라**[모두 소멸되고 새 하늘 새 땅이 출현하게 된다(계21:1)]

20:12 또 내가 보니 죽은 자들이 **무론 대소하고**[의인이나 악인이나] 그 보좌 앞에 섰는데 **책들이 펴 있고**[성경의 해석, 원리 말씀] **또 다른 책**[참부모의 새 말씀]**이 펴졌으니 곧 생명책이라**[구원받을 의인의 명부(단12:1)(시69:28)] 죽은 자들이 **자기 행위를 따라 책들에 기록된대로**[자기 생애에 걸쳐서 새 말씀대로 살았는지에 따라(시139:16, 눅10:20, 빌4:3, 계13:8, 17:8)] 심판을 받으니

20:13 바다가[음란의 세계] 그 가운데서 죽은 자들을 내어주고[자기중심(물질 중심)으로 살다 간 영인들의 재림부활] 또 사망과 음부도 그 가운데서 죽은 자들을 내어주매[거짓 사랑으로 인하여 하나님의 생명을 잃은 자들의 재림부활] 각 사람이 **자기의 행위대로 심판을 받고**[(영계의 협조하에) 부부간의 일대일의 절대적 사랑을 통하여 참가정을 이루었는가를 기준으로 심판받음]

20:14 사망과 음부도 불못에 던지우니[육신을 중심으로 거짓사랑을 하는 자는 고통을 받으리니] 이것은 둘째 **사망 곧 불못**[거짓 사랑에 의한 고통]이라

20:15 누구든지 **생명책에 기록되지 못한 자**[부부간의 절대적 일대일의 사랑을 통하여 참가정을 이루지 못한 자는]는 **불못에 던지우더라**[거짓 사랑에 의한 고통을 받으리라]

새 하늘과 새 땅과 새 예루살렘(HJ천원)

> – 새 하늘 새 땅은[계21:1], 어린 양의 아내, 독생녀 실체 성령 참어머
> 님이 보이시는[계21:9], 거룩한 성 예루살렘[계21:10, HJ천원단
> 지]을 중심으로, 생명수 샘물[계21:6, 하나님의 참사랑의 샘물]
> 을 마시고 사는, 사랑이 없고 애통하는 것이나 곡하는 것이나 아
> 픈 것이 없는[계21:4], 만국의 왕들이 모든 것을 내려놓고 들어오
> 는[계21:24], 만물을 사랑으로 주관하며 사는[계21:5], 하나님의
> 아들딸로서 사는 세상[계21:7]

21:1 또 내가 **새 하늘과 새 땅**[재림주를 중심한 선주권의 세계(사
65:17~20)]을 보니 **처음 하늘과 처음 땅**[타락한 세계]이 없
어졌고 **바다도 다시 있지 않더라**[악주권의 음란세계(단7:3,
계13:1, 사27:1)가 사라진다.]

21:2 또 내가 보매 거룩한 성 **새 예루살렘**[HJ천원을 중심한 천
일국]이 하나님께로부터 하늘에서 내려오니 그 예비한
것이 **신부가**[하나님의 백성이] **남편을**[하나님을] 위하여 단
장한 것 같더라

21:3 내가 들으니 보좌에서 큰 음성이 나서 가로되 보라 **하나님의 장막이**[하나님이 실체 참부모가 되어] [141]**사람들**[참 자녀들(축복가정)]과 함께 있으매 하나님이 그들과 함께 거하시리니 그들은 하나님의 백성이 되고 하나님은 친히 그들과 함께 계셔서

21:4 **모든 눈물**[인류의 눈물]을 그 눈에서 씻기시매 다시 **사 망이 없고**[거짓사랑으로 인한 고통이 사라지고] 애통하는 것 이나 곡하는 것이나 아픈 것이 다시 있지 아니하리니 처음 것들이 다 지나갔음이러라

21:5 보좌에 앉으신 이가 가라사대 보라 내가 **만물을 새롭 게 하노라 하시고**[만물이 참사랑의 주인에 의해 사랑의 주관 을 받게 하시고] 또 가라사대 이 말은 신실하고 참되니 기록하라 하시고

21:6 또 내게 말씀하시되 이루었도다 나는 알파와 오메가 요 처음과 나중이라 내가 [142]**생명수 샘물로**[하나님의 참

---

141 하나님의 말씀대로 살아서 사랑의 실체를 이룬 인격자(벧후1:4~11, 계 19:8, 계21:7)
142 시편 36편 8~9절에 "주께서 주의 복락의 강수로 마시우리이다 대저 생명

사랑의 샘물에] 목마른 자에게 값없이 주리니

21:7 **이기는 자**[참가정을 이룬 자]는 **이것들을**[하나님의 참사랑] 유업으로 얻으리라 **나는**[주님(참부모)은] **그의 하나님이 되고**[참가정을 이룬 자들에게 하나님의 사랑을 주는 자가 되고] 그는[참가정을 이룬 자] **내 아들**[주님의 아들딸]이 되리라

21:8 그러나 **두려워하는 자들**[주님과 함께 하기를 두려워하는 자들]과 **믿지 아니하는 자**[주님이 주시는 원리와 새 말씀을 믿지 않는 자]들과 흉악한 자들과 살인자들과 행음자들과 술객들과 우상 숭배자들과 모든 거짓말 하는 자들은 불과 유황으로 타는 못에 던져지리니 이것이 **둘째 사망**[참사랑의 심판에 따른 심정적인 죽음]이라

새 예루살렘

21:9 일곱 대접을 가지고 마지막 일곱 재앙을 담은 일곱 천

의 원천이 주께 있사오니"라고 했고, 예레미야 2장 13절에도 "내 백성이 두 가지 악을 행하였나니 곧 생수의 근원 되는 나를 버린 것과"라고 했으니, 생수의 근원은 하나님이시요(렘17:13), 생수는 성령(요7:39), 곧 하나님의 참사랑이다.

사중 하나가 나아와서 내게 말하여 가로되 이리 오라 내가 **신부 곧 어린 양의 아내**[독생녀, 실체 성령, 참어머니]를 네게 보이리라 하고

21:10 **성령으로**[참어머님의 참사랑으로] 나를 데리고 **크고 높은 산**[천성산(천정궁, 천원궁)]으로 올라가 하나님께로부터 하늘에서 내려오는 **거룩한 성 예루살렘**[HJ천원]을 보이니

21:11 **하나님의 영광**[참부모의 생애노정=하나님의 영광]이 있으매 그 **성의 빛**[천정궁과 천원궁의 모양]이 지극히 귀한 보석 같고 벽옥과 수정 같이 맑더라

21:12 크고 높은 성곽이 있고 열 두 문이 있는데 문에 열 두 천사가 있고 그 **문들 위에**[천원궁 안과 밖의 탑] 이름을 썼으니 **이스라엘 자손**[축복가정의 자손] **열 두 지파의 이름들**[천원궁 승리 봉헌자, 천보가정]이라

21:13 동편에 세 문, 북편에 세 문, 남편에 세 문, 서편에 세 문이니

21:14 그 성에 성곽은 열 두 기초석이 있고 그 위에 어린 양의 십 이 사도의 열 두 이름이 있더라

21:15 내게 말하는 자가 그 성과 그 문들과 성곽을 척량하려고 금 갈대를 가졌더라

21:16 그 성은 네모가 반듯하여 장광이 같은지라 그 갈대로 그 성을 척량하니 **일만 이천 스다디온이요**[1만 2천 스다디움(경기장), 영적으로 봤을 때의 천원궁의 크기(stadion=stadium)] 장과 광과 고가 같더라

21:17 그 **성곽**[HJ천원]을 측량하매 **일백 사십 사 규빗**[12x12=144, 전 영계(HJ천원의 영적인 크기)(규빗은 약 50cm)]이니 사람의 척량 곧 천사의 척량이라

21:18 그 성곽은 벽옥으로 쌓였고 그 성은 정금인데 맑은 유리 같더라

21:19 그 성의 **성곽의 기초석**[옥으로 비유했을 때 천원궁의 12가지 모양]은 각색 보석으로 꾸몄는데 첫째 기초석은 벽옥

이요 둘째는 남보석이요 세째는 옥수요 네째는 녹보
석이요

21:20 다섯째는 홍마노요 여섯째는 홍보석이요 일곱째는 황
옥이요 여덟째는 녹옥이요 아홉째는 담황옥이요 열째
는 비취옥이요 열 한째는 청옥이요 열 둘째는 자정이라

21:21 그 열 두 문은 열 두 진주니 문마다 한 진주요 성의
길은 맑은 유리 같은 **정금**[순금]이더라

21:22 성안에 성전을 내가 보지 못하였으니 이는 주 하나님
곧 전능하신 이와 및 어린 양이 그 성전이심이라

21:23 [143]그 성은 해나 달의 비침이 쓸데 없으니[창조본연의 심
정문화세계에서는 인간 자신이 신성을 갖춘 하나님의 성전이 된
다.] 이는 **하나님의 영광이 비취고 어린 양이 그 등이**

---

143 하나님의 뜻이 이루어진 복귀된 에덴동산에서는 죄악의 어둠이 사라지
기 때문에 어둠을 밝힐 해나 달도 필요 없게 된다. 요한복음 14장 20절에
서 "그 날에 내가 아버지 안에 너희가 내 안에 내가 너희 안에 있는 것을
알리라"라고 하신 것처럼, 자신이 하나님의 성전이 되면 하나님을 따로
모시는 성막이나 성전이 필요 없게 되는 것이다.

되심[참부모를 통하여 하나님의 영광이 해와 달같이 환하게 비침]이라

21:24 **만국이 그 빛 가운데로 다니고**[만국의 백성들이 하나님의 참사랑을 찾아서 천원궁을 찾아오고] **땅의**[만국의] 왕들이 **자기 영광을 가지고**[자신의 모든 권위를 내려놓고] 그리로 들어오리라

21:25 성문들을 낮에 도무지 닫지 아니하리니 **거기는 밤이 없음이라**[영계에는 밤이 없음, 천심원 정성으로 영계와 지상이 연결됨]

21:26 사람들이 만국의 영광과 존귀를 **가지고**[모두 내려 놓고] 그리로 들어오겠고

21:27 무엇이든지 **속된 것**[자기중심적인 자]이나 **가증한 일**[우상(물질)을 중심으로 사는 자] 또는 **거짓말 하는 자**[양심을 속이는 자]는 결코 그리로 들어오지 못하되 오직 **어린 양의 생명책에 기록된 자**[어린 양(참부모)과 하나되어 참사랑의 영인체를 완성한 자]들뿐이라

생명나무 열매와 성령과 신부의 말씀

> - 독생녀 실체 성령 참어머니[계22:17]에 의하여 길러지는, 하나님
> 의 참사랑의 발광체로 사는[계22:5], 창조본연의 부부[좌우의
> 생명나무, 계22:2]에게서 하나님의 모습을 볼 수 있다[계22:4].

22:1 또 저가 [144]수정 같이 맑은 생명수의 강[하나님의 참사랑

의 실체는 만인을 살리는 하나님의 심정의 샘물]을 내게 보이

니 하나님과 및 어린 양의 보좌로부터 나서

22:2 길 가운데로 흐르더라 강 [145]좌우에 생명나무[창조본연

---

144 하나님께서는 친히 자신을 생수의 근원이라고 하셨고(렘2:13), 요한복음
4장 14절에서는 "내가 주는 물을 먹는 자는 영원히 목마르지 아니하리니
나의 주는 물은 그 속에서 영생하도록 솟아나는 샘물이 되리라"고 하였
다. 그리고 7장 38절에서 "나를 믿는 자는 성경에 이름과 같이 그 배에서
생수의 강이 흘러나리라"고 한 것처럼, 인간이 하나님의 참사랑의 실체가
되면, 하나님의 참사랑의 생명수가 그 사람을 통하여 끊임없이 솟아나게
되어, 만인을 살리게 된다.

145 아담과 해와가 타락하지 않았다면 아담은 남성으로서의 생명나무, 해와
는 여성으로서의 생명나무가 되었을 것이다.

의 완성한 남녀(부부)(창2:9, 3:22~24, 잠13:12, 11:30, 계2:7, 22:14)]가 있어 **146열 두가지 실과**[사위기대를 이룬 완성한 인간이 갖추어야 할 12가지 유형의 개성진리체]를 맺히되 달마다 그 실과를 맺히고 그 **나무 잎사귀들**[사위기대를 이룬 축복가정이 이루어내는 심정문화]은 만국을 소성하기 위하여 있더라

22:3 다시 저주가 없으며[음란이나 자기중심에 의한 고통이 없으며] 하나님과 그 **어린 양의 보좌**[재림주 참부모의 권세(구원, 보호)]가 그 가운데 있으리니 그의 **종들**[천사들]이 그를 섬기며

22:4 그의 얼굴[하나님의 얼굴]을 볼 터이요 그의 **이름**[하나님의 모습]도 **147그들의 이마**[성별되고 완성한 창조본연의 인간(마5:48)]에 있으리라

---

146 사위기대(四位基臺): 정(正)(하나님)을 중심하고 이성의 실체대상으로 분립된 주체와 대상과 그의 합성체가 각각 3대상 목적을 완성하면 사위기대를 조성하게 된다. 사위기대는 하나님의 영원한 창조목적을 완성한 선의 근본적인 기대이다.

147 "하늘에 계신 너희 아버지의 온전하심과 같이 너희도 온전하라"(창5:48) 하신 말씀같이 하나님의 참사랑이 수육된 하나님의 백성을 뜻한다.

22:5 다시 밤[타락으로 인한 고통]이 없겠고 **148**등 불과 햇빛이 쓸데 없으니 이는 주 하나님[하나님의 사랑의 빛]이 그들에게[창조본연의 아들딸] 비치심이라 저희가 세세토록 왕 노릇하리로다[하나님의 참사랑의 주인이 되어 살게 되리라]

주 예수여 오시옵소서

22:6 또 그가 내게 말하기를 이 말은[이 계시는] 신실하고 참 된지라 주 곧 선지자들의 영의 하나님이 그의 종들에게 결코 속히 될 일을 보이시려고 그의 천사를 보내셨도다

22:7 보라 내가 속히 오리니[예수님의 재림: 핍박받는 기독교인들 격려] 이 책의 **예언의 말씀**[예수의 재림에 관한 계시 말씀]을 지키는 자가 복이 있으리라 하더라

---

148 하나님(주님)은 세상의 빛이 되시는 분이다(삼하22:29, 시119:105, 잠6:23, 요14:6~7). 어두운 세상이 하나님 주권으로 복귀되기까지는 등불이 되고 빛이 되신 그리스도가 필요하지만, 죄와 악이 없는 복귀된 이상세계에서는 저마다 스스로 빛을 발하는 하나님의 참사랑의 주인(발광체)이 되어, 온전한 인간(마5:48)으로 살게 된다.

22:8 **이것들을**[예수 재림 이후의 세계] 보고 들은 자는 나 요한이니 내가 듣고 볼 때에 이 일을 내게 보이던 천사의 발 앞에 경배하려고 엎드렸더니

22:9 **저가**[천사가] **내게**[요한에게] 말하기를 나는 너와 네 형제 선지자들과 또 이 책의 말을 지키는 자들과 **149함께 된 종이니**[천사는 하나님과 인간의 종(히1:1~14, 시103:21)] 그리하지 말고 오직 하나님께 경배하라 하더라

22:10 또 내게 말하되 **이 책의 예언의 말씀을 인봉하지 말라** [요한계시록에 대한 다양한 해석이 나옴: 결국은 재림주의 하나님의 참사랑의 말씀으로 정립될 것] **때가 가까우니라**

22:11 불의를 하는 자는 그대로 불의를 하고 더러운 자는 그대로 더럽고 의로운 자는 그대로 의를 행하고 거룩한 자는 그대로 거룩되게 하라

22:12 **보라 내가 속히 오리니**[핍박받는 기독교인들에 대한 격려]

---

149 요한계시록 19장 10절 주석 참조

내가 줄 상이 내게 있어 각 사람에게 **150** 그의 일한대로 갚아 주리라[공생·공영·공의의 세계 도래(잠18:9, 렘48:10, 살후3:10, 마18:18)]

---

150 하나님 나라의 공평과 평등은 공산주의식의 공평이나 평등과는 다르다. 공산주의가 내세우는 수량적 평등은 인간을 단지 생존에 필요한 재화를 소모하는 노동자로 본 것이고, 인간의 본질과 가치, 그리고 저마다의 개성과 소질을 외면한 허상에 불과하다. 주님이 이 땅에 오셔서 이룩하실 공생·공영·공의의 세계를 정리하면 다음과 같다.

먼저, 공생(共生)은 공산주의식 공동경제가 아닌 하나님을 중심한 공동소유를 뜻한다. 하나님 중심의 공동 소유란 하나님의 신성(벧후1:4~11)을 갖춘 하나님을 닮은 인격적 인간에 의해 자율적이고 자발적으로 이루어지는 소유이다. 하나님을 닮은 인격체는 지나치게 소유되면 양심의 가책이 따르기 때문에 분수에 넘게 소유하지 않게 되고, 그 외의 것은 공동의 소유로 하여 하나님의 뜻대로 관리하는 공생의 세계가 이루어지게 되는 것이다. 이것은 공산주의식의 강제나 강권에 의한 것이 아니라, 절대 양심의 판단에 의해서 항상 그 소유가 조정되는 소유형태인 것이다.

둘째, 공영(共榮)은 하나님을 닮은 '위하여 사는 삶의 가치'를 근본으로 하는 공영의 정치이다. 모든 인류가 하나님을 부모로 모신 하나의 대가족이 되어, 저마다 하나님의 사랑의 실체로서 상대를 존중하고 높여주는 것을 기쁨으로 아는 세계, 그럼으로써 함께 번영하는 평준화된 세계가 공영의 세계이다. 이 세계는 낮은 자리에서 '위하여 사는 삶의 기쁨'을 통하여, 자연스럽게 사랑의 인간관계를 형성하게 되므로 인류는 더 없는 행복감에 젖어 살 수 있게 된다.

셋째, 공의(共義)란 하나님의 사랑을 '의(義)'의 근본으로 하는 공동의 윤리를 말한다. 재림주에 의해 복귀된 세계는 지위고하나 빈부의 차이를 떠나, 하나님이 물과 공기와 태양의 빛과 같은 자연을 통하여 인간을 완전하게 사랑하듯이, 누구나 저마다 사명에 따라, 전체를 위하여 선을 베푸는 것을 생애의 최대의 보람으로 여기는 공의(共義), 즉 공적(公的)인 의(義)를 위하여 사는 세계이다.

22:13 [151]나는 알파와 오메가요 처음과 나중이요 시작과 끝이

라[네 번 반복(계1:8, 계1:17, 계22:13), 하나님은 창조목적을 반드시

이루심, 타락한 인류를 반드시 구원하심]

22:14 그 두루마기를 **빠는 자들**[재림주의 말씀은 참사랑의 말씀임

을 알고 참사랑을 실천하는 사람들]은 복이 있으니 이는 그

들이 **생명 나무**[하나님의 사랑을 완성한 인간]에 나아가며

문들을 통하여 **성에**[천성=천국] 들어갈 권세를 얻으려

함이로다

22:15 개들과 술객들과 행음자들과 살인자들과 우상 숭배자

들[개: 불의를 행하는 자(열상21:17~19, 마7:6, 벧후2:22), 술객·행

음자·살인자·우상숭배자: 타락한 천사장(사14:12)의 성품을 이어

받은 사악한자↔의인(생명나무)]과 및 거짓말을 좋아하며

지어내는 자마다 **성밖에**[천국 밖에] 있으리라

---

151 본래 아담은 에덴동산의 생명나무로서 주님과 같이 완성한 인간이 되었
어야 했다. 또한 하나님의 자녀로서 요한계시록 19장 8절의 기록대로 깨
끗한 세마포를 입어야 할 인간이었다. 그런데 불순종으로 인해 그 죄악
의 두루마기를 빨아 입어야 할 처지에 있다. 그렇지만 하나님은 알파요
오메가시요, 인류의 부모이시기 때문에 타락한 인류를 구원하시지 않을
수 없는 것이다. 그래서 성경의 중심인물과 메시아를 보내어 인류를 구원
하기 위한 성경역사 6천년간의 탕감복귀섭리를 운행해 오신 것이다.

22:16 나 예수는 교회들을 위하여 내 사자를 보내어 이것들을 너희에게 증거하게 하였노라 나는 **다윗의 뿌리요 자손**[하나님을 근원으로 하여 태어난 자]이니 곧 **광명한 새벽별**[어두움에 길 잃어 방황하는 자들에게 빛과 같은 존재]이라 하시더라

22:17 **성령과 신부**[실체 성령, 독생녀 참어머니]가 **말씀하시기를** [참부모 실체말씀 선포] 오라 하시는도다 **듣는 자도**[하나님의 사랑의 소리를 듣고 싶은 자]오라 할 것이요 **목마른 자**[하나님의 사랑에 목마른 자]도 올 것이요 또 **원하는 자**[하나님의 사랑을 원하는 자]는 값 없이 생명수를 받으라 하시더라

22:18 내가 이 책의 예언의 말씀을 듣는 각인에게 증거하노니 만일 누구든지 **이것들 외에 더하면**[계시록을 하나님의 참사랑으로 해석하지 않으면] 하나님이 **이 책에 기록된 재앙**[계시록을 잘못 해석함으로 말미암은 재앙]들을 그에게 더하실 터이요

22:19 만일 누구든지 이 책의 **예언의 말씀**에서 제하여 버리

면[재림주의 참사랑의 말씀을 믿고 실천하지 않으면] 하나님이 이 책에 기록된 **생명나무**[참사랑의 완성자가 되는 것]와 및 **거룩한 성**[천일국의 천국인]에 참여함을 제하여 버리시리라

22:20 이것들을 증거하신 이가 가라사대 **내가 진실로 속히 오리라**[핍박받는 기독교인들에 대한 격려, 주님의 재림에 대한 간절한 소망] 하시거늘 아멘 주 예수여 오시옵소서

22:21 주 예수의 은혜가 모든 자들에게 있을찌어다 아멘

＊ 참부모님 말씀

창세기에서 잃어버렸으니 묵시록에서 찾아야 됩니다.
그러므로 창세기는 알파요 묵시록은 오메가로
돌아가는 것입니다. (말씀선집 54권 32쪽, 1972.3.9)

구원섭리는 복귀섭리이기 때문에
묵시록하고 창세기가 맞아야 됩니다.
(말씀선집 342권 26쪽, 2001.1.9)

장	주제	개요
1	계시록의 표제	일곱 교회에 보내는 편지 서문
2	일곱 교회(편지) - 예수 그리스도가 재림하기까지 2천년간의 기독교인들에 대한 신앙 권면	1. 초지일관의 신앙을 권면 2. 절대적 신앙으로 핍박을 이길 것을 권면 3. 회개하고 말씀을 지킬 것을 권면 4. 간음 행위를 하지 말 것을 권면
3		5. 육을 중심한 세속적 삶에 대한 경고 6. 거룩하고 진실한 신앙을 칭찬 7. 쾌락주의와 물질주의에 대한 경고
4	재림주 등장	일곱 교회(2천년)후 재림 조건 성립
5		재림주를 통한 재창조 섭리 시작
6	일곱 인(印) - 재림주 등장과 함께 등장하는 재림주가 해결해야 할 하늘의 7가지 비밀	네 말이 가진 각각의 무기 1. 활: 선한 싸움을 위한 전쟁 무기(시46:9), 그리스도의 군대(딤후2:3~4), 화목·평화(고후5:18~20) 2. 칼: 살육의 무기(레26:6, 렘5:12, 삼상17:51, 31:4, 삼하2:16) 하나님 말씀(사49:2, 엡6:17, 히4:12) 3. 저울: 잡다한 사상에서 비교 우위를 취하는 합리적 수단 4. 코란과 칼: 코란+율법(구약)+복음(신약)
7	14만 4천 무리	재림주와 함께 재창조를 이룰 인(印) 받은 14만 4천 무리
8	일곱 나팔 - 재림주와 사탄 간의 전쟁 가운데 일어나는 세계적 현상	1. 사탄이 유도하는 거짓 이론에 의한 영성의 고갈 2. 적그리스도가 기독교인 삼분의 일을 절멸시킴 3. 공산주의 이론이 많은 나라에 영향을 미침 4. 수 많은 나라들의 체제가 무너짐
9		5. 연기 같은 연기: 공산주의 특성 6. 거짓 진리로 포장된 사탄의 능력, 공산주의: 꼬리(프롤레타리아)를 중심한 거짓 사상

핵심 내용
요한에 대한 예수 그리스도의 명령 및 재림 예언
1. 에베소 교회: 처음 행위를 가져라(2:4~5) 2. 서머나 교회: 죽도록 충성하라→생명의 면류관을 네게 주리라(2:10) 3. 바가모 교회: 말씀을 지켜라→만나를 주고 흰 돌을 줄터(2:17) 4. 두아디라 교회: 더불어 간음하는 자들→자녀를 죽이리니(2:22~23)
5. 사데 교회: 살았다 하는 이름은 가졌으나 죽은 자(3:1) 6. 빌라델비아 교회: 적은 능력을 가지고도 내 말을 지키며(3:8) 7. 라오디게아 교회: 차지도 아니하고 더웁지도 아니하도다(3:15)
보좌에 앉으신 이와 12장로와 네 생물의 모습(4:2, 4, 6)
일곱 인봉: 일곱 인으로 봉한 책과 일곱 인을 떼실 어린양 등장
1. 흰 말(6:2): 재림주, 기독교, 복음주의 운동 2. 붉은 말(6:4): 멸망당할 자(렘4:30), 하늘 대적(계12:3) 공산주의 3. 검은 말(6:5): 인본주의, 자본주의, 굶주림(애5:10, 암5:11) 4. 청황색 말(6:8): 이슬람, 혼합주의(청·홍·백색), 나치, 제국주의 5. 순교자 신원(6:10): 순교자들의 원한 해원 6. 천재지변(6:12~14): 큰 지진, 하늘의 별들이 떨어지고 산과 섬이 옮겨짐 7. 일곱 나팔 예고(豫告): 진노의 큰 날이 이러렀으니(6:17)
땅에서 일곱 인(6장)→하늘에서 인(印) 받은 자 14만 4천 무리가 나옴
1. 피섞인 우박과 피(8:7)(사탄역사)→땅의 삼분의 일이 불탐 2. 불붙는 큰 산(8:8)→바다의 삼분의 일이 피가 됨 3. 횃불같이 타는 큰 별(8:10, 스탈린)→ 강들의 삼분의 일과 여러 물샘에 떨어짐 4. 해·달·별 삼분의 일이 타격을 받음(8:12)→삼분의 일이 어두워짐
5. 하늘에서 떨어진 별(9:1~3)→ 무저갱 열쇠, 황충 → 전갈같은 권세 6. 말들의 머리는 사자 머리(9:17) → 입에서는 불과 연기와 유황, 말들의 힘(9:19)→ 꼬리는 뱀 같고, 꼬리(노동자, 농민)에 머리가 있음

장	주제	개요
10		궁극적으로 재림주를 통하여 하늘이 승리한다는 희망을 주는 메시지
11	- 10~15장은 8장과 9장의 나팔재앙과 16장의 대접 재앙 사이에 일어나는 중간계시	7. 재림주의 출현(11:3)에 따른 두 증인(구교와 신교)과 재림주가 태어날 선민(조선)에 대한 핍박(11:8~9)
12		여자(조선)을 사탄이 일본과 북한을 통해 핍박함(12:13), 재림주 탄생
13	- 고난당하는 성도들에게, 하늘이 결국 승리한다는, 위로를 주시기 위한 장	뿔이 있는 두 짐승의 출현
14		재림주가 참부모 이름으로 14만 4천 무리(축복 가정)와 함께 시온산(청평 HJ천원)에 오심
15		일곱 대접 재앙 준비, 청평 HJ천원 천원궁 천일 성전을 중심한 만왕의 왕으로서의 세계 통치 예고
16	일곱 대접 - 재림주를 통하여 고통으로부터 해방 받아야 할 일곱가지 재앙	1. 하나님주의를 통한 인간의 본성 회복에 의한 육적, 영적 고통 해방 2. 물질만능주의와 공산주의에 의한 고통으로부터의 해방 3. 일대일의 절대적 사랑을 통한 거짓 혈통(사랑)으로부터의 해방 4. 하나님의 은혜로운 말씀을 통한 인간의 죄악으로부터의 해방 5. 자본주의의 모순과 공산주의 몰락에 따른 가치관의 혼란으로부터의 해방 6. 하나님을 부정하는 거짓 선지자들(공산주의, 비양심적인 지도자 등)에 의한 고통으로부터의 해방 7. 천심원 조상 해원 축복에 따른 영육 아우른 타락세계 해방

핵심 내용

힘센 천사→ 구름입고 하늘에서 내려옴, 머리 위에 무지개, 얼굴은 해, 발은 불기둥(10:1), 작은 두루마리를 들고 오른발은 바다를 밟고 왼발은 땅을 밟고(10:2)

7. 두 증인(11:3)→ 두 감람나무와 두 촛대(11:4): 구교와 신교
일곱째 천사의 나팔(11:15)→그리스도의 나라, 입곱 대접 재앙 예고(豫告)(11:14)

여자가 아이를 배어 해산(12:2) : 조선에서 재림주가 태어남
하늘에 또 다른 이적→한 큰 붉은 용이 있어(12:3): 공산주의 출현

한 짐승이 나오는데 뿔이 열이요 머리가 일곱(13:1): 소련 등장, 다른 짐승→두 뿔이 있고 용처럼 말함(13:11): 스탈린 이후의 공산주의 지도자(모택동, 카스트로, 김일성 등)

어린양이, 이마에 어린양의 이름과 아버지의 이름으로, 처음 익은 열매인 십 사만 사천과 함께 시온산에 섬(14:1~5)

하나님의 종 모세의 노래, 어린양의 노래를 부름 만국의 왕이시여 주의 길이 의롭고 참되시도다 (15:3), 주의 의로우신 일이 나타났으매 만국이 와서 주께 경배하리이다(15:4)

1. 헌데(종기, 16:2): 인간의 본성을 잃음으로 말미암은 불치병
2. 바다(죄악 세계)가 죽은 자의 피같이 됨(16:3): 물질만능주의와 공산주의가 전 세계를 덮침
3. 강과 물 근원에 쏟으매 피가 되더라(16:4): 사탄의 피(거짓 사랑)에 의한 인간의 고통(불륜, 청소년 타락, 가정 붕괴)
4. 해가 권세를 받아 불로 사람들을 태우니(16:8)
5. 짐승의 보좌에 쏟으니 그 나라가 곧 어두워지며 사람들이 아파서 자기 혀를 깨물고(16:10)
6. 큰 강 유브라데에 쏟으매 강물이 말라서(16:12): 교회의 은혜가 사라짐, 개구리 같은 세 더러운 영이 용의 입과 짐승의 입과 거짓 선지자의 입에서 나오니(16:13): 하나님과 참부모를 부정하는 거짓 선지자들(스탈린, 모택동, 김일성 등) 등장
7. 대접을 공기 가운데 쏟으매(16:17): 공중 권세를 갖고 있는 사탄(엡2:2)에 대한 마지막 형벌

장	주제	개요
17	- 대접 재앙(16장)의 승리를 통해서 음녀(사탄, 붉은 용)과 짐승(공산당) 및 바벨론을 물리치는 장	인류의 모든 죄의 뿌리는 음란의 우두머리, 사탄에서 비롯됨
18		세상의 왕들이 참부모 앞에 굴복함으로서 음란과 물질만능주의의 근원인 바벨론(사탄)이 심판을 받음
19	음녀와 바벨론을 멸한 후, 어린양의 혼인 잔치(축복결혼)를 통한 천년 왕국 건설	- 어린양 혼인 잔치: 하나님 아래 하나의 인류대가족 하늘에 있는 군대: 축복받은 제2의 참부모에 의한 인류구원
20		최후의 심판은 하나님의 참사랑에 의한 심판
21	새하늘 새땅과 새예루살렘 - HJ천원	새하늘 새땅은, - 하나님의 참사랑의 샘물을 마시고 사는, - 인류의 눈물을 닦아주는, 사망이나 고통이 없는, 만국의 왕들이 모든 것을 내려 놓고 들어오는, 만물을 사랑으로 주관하는 하나님의 아들딸이 사는 곳
22	창조본연의 부부 - 하나님의 참사랑의 발광체	두루마기를 빠는 자들, 즉 참사랑을 실천하는 사람들에 하나님의 영원한 축복이 있다.

핵심 내용
많은 물위에 앉은 큰 음녀(17:1), 땅의 임금들도 그로 더불어 음행(17:2): 음란한 세상을 만든 죄의 뿌리는 사탄 이 열 뿔과 짐승은 음녀를 미워하여 망하게 하고(17:16): 음란(사탄)을 중심한 인간관계는 이기심에 의해 서로 배신하여 결국 파탄됨
음행하고 사치하던 땅의 왕들과 견고한 성 바벨론이 심판을 받음(18:8~10): 세계의 왕들과 음란과 물질만능주의의 상징인 바벨론이 무너짐
어린양의 아내가 예비되어 혼인 잔치가 이루어짐(19:7~9) 아마겟돈 전쟁에서 재림주 참부모께서 승리하심(19:14~21)
생명책에 기록된 자(20:12, 15), 즉 부부간의 절대적 일대일의 사랑을 통하여 가정 천국을 이룬 자만이 천년 동안 왕노릇 함(20:4)
새하늘 새땅은(21:1), 어린양의 아내, 독생녀 실체 성령 참어머님이 보이시는(21:9), 거룩한 성 예루살렘(21:10, HJ천원)을 중심으로, 생명수 샘물(21:6, 하나님의 참사랑의 샘물)을 마시고 사는, 사망이 없고 애통하는 것이나 곡하는 것이나 아픈 것이 없는(21:4), 만국의 왕들이 모든 것을 내려놓고 들어오는(21:24), 만물을 사랑으로 주관하며 사는(21:5), 하나님의 아들딸로서 사는 세상(21:7)
독생녀 실체 성령 참어머니(22:17)에 의하여 길러지는, 하나님의 참사랑의 발광체로 사는(22:5), 창조본연의 부부(좌우의 생명나무, 22:2)에게서 하나님의 모습을 볼 수 있다(22:4).

요한계시록 해설 워크북

초판 1쇄 발행일 2025년 1월 8일
초판 2쇄 발행일 2025년 2월 14일

저 자 정연길

발행처 (주)천원사
　　　　신고번호 | 제302-1961-000002호
　　　　주소 | 서울시 용산구 청파로 63길 3(청파동1가)
　　　　전화 | 02-701-0110
　　　　팩스 | 02-701-1991

정 가 7,000원
ISBN 979-11-94221-16-6 03230